**초등 영어, 이제 구문으로 읽어요!**

# 구문이 독해다

초등
**READing**

**1**

# 초등 영어,
# 구문이 독해다!!

## 이런 학생에게 좋아요!
- 단어와 문장의 기본기가 필요한 학생
- 문장에 대한 이해와 정확한 해석이 필요한 학생

## 이래서 이 책이 좋아요!
- 다양한 소재와 주제의 글감으로 읽는 재미를 주는 책
- 직독직해로 꼼꼼하게 읽을 수 있게 구성된 참신한 책

# 초등 영어 읽기, 어떻게 해야 할까?

## 1 단어와 문장에 대한 이해가 있어야 해요!

영단어와 우리말 뜻만을 수없이 반복하여 단어를 외우는 것이 아니라
서로 의미상 연결되는 단어끼리 <단어+단어>로 훈련해야 영어 읽기가 쉬워져요.
<구문이 독해다>에서 영어문장의 규칙을 미리 배우고 연습하면 긴 글도 쉽게 읽을 수 있어요.
워크북에서는 단어 덩어리와 문장을 우리말과 영어로 쓰는 연습을 할 수 있어요.
<구문이 독해다>로 공부하면 어떤 영어 문장을 만나도 읽고 쓰기가 가능해요!

## 2 끊어 읽기, 직독직해로 문장을 바로바로 해석해요!

글을 읽고 내용을 파악하는 것은 기본이죠.
하지만 좀 더 정확한 독해를 위해서는 문장을 규칙에 따라 끊어 읽고, 해석해야 해요.
워크북에서 주어진 영어 단어들을 문장으로 배열하고, 다시 우리말에 맞게 쓰다 보면
읽기뿐만 아니라 말하기, 쓰기까지 할 수 있어요!

## 해석력 UP!    기본기 상승을 위한 단어+문장 훈련

### 1 단어+단어가 묶여 주제를 이루고 연상되게 훈련

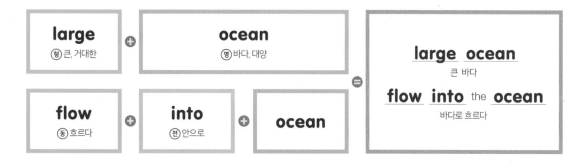

**large** ⑲큰, 거대한 ➕ **ocean** ⑲바다, 대양

**flow** ⑧흐르다 ➕ **into** ⑳안으로 ➕ **ocean**

**large  ocean** 큰 바다

**flow  into**  the  **ocean** 바다로 흐르다

### 2 초등 필수 문법이 포함된 문장규칙으로 훈련

초등 필수 문법에 맞게 문장규칙을 배우고 연습하여 읽기가 정확해져요.

| be동사 + 명사 | 주어<br>**A mountain**<br>산은 | be동사<br>**is**<br>이다 | 명사<br>**high land.**<br>높은 땅. |
|---|---|---|---|

## 직독직해 훈련!    문장을 이해하는 방법

문장규칙에 따라 어떻게 끊어 읽는지를 확인하고 본문에서 조금 변형된 문장들을 재확인하다 보면
저절로 직독직해 방식과 문장을 활용하는 방법을 터득할 수 있어요.

✔ 본문 확인하기    **A plain**    **is**    **flat land** .
평원은  /  이다  /  평평한 땅

✔ 본문 체크하기    **A valley**    **is**    **narrow land** .
_____  /  _____  /  _____

# 단어와 문장규칙 ➕ 지문 해석 ➕ 본문 복습
# 3단계 시스템!

## 1 단어 덩어리 및 문장의 특징

단어를 의미별로 연결하고 문장의 특징을
연습하면 영어 reading도 쉬워져요.

## 2 Reading확인 & 직독직해

fiction과 nonfiction의 재미있는 글을 읽고
문제를 풀면서 해석까지 할 수 있어요.

## 3 워크북 & 본문 복습

단어, 문장, 본문을 다시 복습할 수 있어요.
문장 전체를 QR로 듣고 따라 써보세요.

## · Part 시작

## · 단어 연습

## · 문장+문법

### 흥미로운 단원 소개

part의 단어들을 먼저 훑어보고 학습을 시작하면 더 집중하여 공부할 수 있습니다!

### unit별 단어

서로 연관된 두 개의 단어를 한 번에 학습하는 코너입니다. 단순히 단어의 의미가 아니라 단어 덩어리의 의미가 연상되는 과학적인 구성입니다.

### 핵심 문법 연습

초등 문법에 맞는 문장과 문법 설명을 확인하고 간단한 문제로 복습할 수 있습니다.

## · Reading

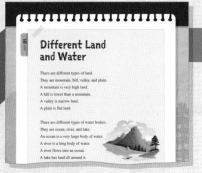

## · 지문 해석

### 재미있는 글감

다양한 글감을 활용한 지문을 읽고 문제를 풀어보며 지문의 내용을 확인할 수 있는 코너입니다.

### 한 문장씩 해석하기

전체 지문을 한 문장씩 정확하게 해석해 볼 수 있습니다. 앞서 공부한 문장의 특징을 활용하면 해석이 빠르고 정확해집니다.

## · 단어 복습

## · 본문 복습

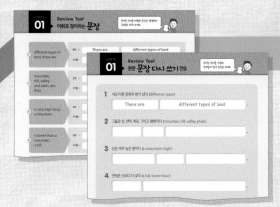

### 표로 정리하는 어휘

본문의 단어를 우리말, 영어로 써보며 복습할 수 있습니다.

### 어휘로 정리하는 문장 / 본문 문장 다시 쓰기

문장을 어순에 맞게 배열하고 우리말로 해석해 보세요. 그러면 우리말에 맞게 영어 문장 쓰기가 훨씬 쉬워집니다.

단어 덩어리 ⊕ 문법 확인 ⊕ 다양한 지문
# 구문이 독해다 차례!

# PART 1 : be동사

단어와 문장규칙으로 읽는 Reading, 구문이 독해다

문장 기본기와 끊어 읽기로 향상되는 **Reading Skill**

## UNIT 01　be동사 문장 1

- **be동사 + 명사**

  A mountain ┊ | is | high land. |

- **There is / are + 명사**

  | There are | ┊ three cats.

## UNIT 02　be동사 문장 2

- **be동사 + 형용사**

  The dog ┊ | is | smart. |

- **be동사 + 전치사구**

  Africa ┊ | is | near Europe and Asia. |

## UNIT 03　be동사의 의문문, 부정문

- **be동사의 의문문**

  | Is | the room | ┊ messy? |

- **be동사의 부정문**

  The room ┊ | is not | messy. |

단어와 단어가 문장으로 연결되는 **Reading Skill**

| 1 **mountain** | 2 **hill** | 3 **plain** | 4 **large** |
|---|---|---|---|
| ☑ 산<br>□ 바다 | □ 언덕<br>□ 평원 | □ 언덕<br>□ 평원 | □ 큰<br>□ 작은 |

| 5 **ocean** | 6 **river** | 7 **flow** | 8 **into** |
|---|---|---|---|
| □ 산<br>□ 바다 | □ 강<br>□ 바다 | □ 흐르다<br>□ 멈추다 | □ ~밖으로<br>□ ~안으로 |

| 9 **world** | 10 **continent** | 11 **close to** | 12 **Asia** |
|---|---|---|---|
| □ 나라<br>□ 세계 | □ 대륙<br>□ 바다 | □ ~에서 먼<br>□ ~에 가까운 | □ 유럽 대륙<br>□ 아시아 대륙 |

| 13 **Europe** | 14 **map** | 15 **beautiful** | 16 **Earth** |
|---|---|---|---|
| □ 유럽 대륙<br>□ 아시아 대륙 | □ 지도<br>□ 책 | □ 아름다운<br>□ 깨끗한 | □ 지구<br>□ 나라 |

| 17 **by** | 18 **messy** | 19 **bedroom** | 20 **clean** |
|---|---|---|---|
| □ ~앞에<br>□ ~옆에 | □ 깨끗한<br>□ 지저분한 | □ 거실<br>□ 침실 | □ 깨끗한<br>□ 지저분한 |

| 21 **room** | 22 **bookcase** | 23 **desk** | 24 **untidy** |
|---|---|---|---|
| □ 방<br>□ 학교 | □ 옷장<br>□ 책장 | □ 책상<br>□ 의자 | □ 정돈된<br>□ 어수선한 |

정답은 p.107에서 확인

| high | 높은 | *high* | → | | high mountain |
| mountain | 산 | | | | 높은 산 |

| low | 낮은 | | → | | low hill |
| hill | 언덕 | | | | |

| flat | 평평한 | | → | | flat plain |
| plain | 평원 | | | | |

| large | 큰 | | → | | large ocean |
| ocean | 바다 | | | | |

| long | 긴 | | → | | long river |
| river | 강 | | | | |

| flow | 흐르다 | | → | | flow into an ocean |
| into | ~안으로 | | | | |

단어, 문장이
바로 구문!!

**① be동사 + 명사**

| 주어 | be동사 | 명사 |
|------|--------|------|
| **A mountain**<br>산은 | **is**<br>이다 | **high land.**<br>높은 땅. |

✔ 본문 확인하기

| An ocean | is | a large body of water |
|----------|----|-----------------------|
| 바다는 | 이다 | 큰 수역 |

✔ 본문 체크하기

| A plain | is | flat land |
|---------|----|-----------|

| A valley | is | narrow land |
|----------|----|-------------|

**핵심 Point**

**be동사+명사**
<be동사+명사>는 '~이다'라고 해석해요.

⊕ PLUS NOTE
be동사의 변화

| I<br>나는 | am<br>이다 | |
|-----------|-----------|---|
| You<br>너는 | are<br>이다 | a genius<br>천재 |
| He/She<br>그는/그녀는 | is<br>이다 | |

**② There is / are ~**

| | 주어 |
|---|------|
| **There are**<br>있다 | **three cats.**<br>세 마리의 고양이가. |

✔ 본문 확인하기

| There are | different types of land |
|-----------|-------------------------|
| 있다 | 서로 다른 종류의 땅이 |

✔ 본문 체크하기

| There are | different types of water |
|-----------|--------------------------|

**핵심 Point**

**There is / are ~**
There is / are ~ 문장은 '~이 있다'로
해석해요.

⊕ PLUS NOTE
주어가 여러 명이나 여러 개를 의미할 때
There are를 써요.

# Different Land and Water

There are different types of land.

They are mountain, hill, valley, and plain.

A mountain is very high land.

A hill is lower than a mountain.

A valley is narrow land.

A plain is flat land.

There are different types of water bodies.

They are ocean, river, and lake.

An ocean is a very large body of water.

A river is a long body of water.

A river flows into an ocean.

A lake has land all around it.

**1** 위 글의 내용에 맞게 주제를 완성해 보세요.

There are different types of _____ and _____ bodies.
**plain / land**　　**ocean / water**

**2** 위 글의 내용에 맞게 알맞은 것을 고르세요.

① A hill is [ **lower / higher** ] than a mountain.

② An ocean is a very [ **large / small** ] body of water.

③ A river is a [ **short / long** ] body of water.

④ A lake has [ **land / water** ] all around it.

**우리말로 해석하기**

01

There are / different types of land.

있다 / 서로 다른 종류의 땅이 .

02

They / are / mountain, hill, valley, and plain.

_____ / _____ / _____ .

03

A mountain / is / very high land.

_____ / _____ / _____ .

04

lower than은 '~보다 더 낮은'의 의미입니다.

A hill / is lower than a mountain.

_____ / _____ .

05

A valley / is / narrow land.
A plain / is / flat land.

계곡은 / 이다 / 좁은 땅 .

_____ / _____ / _____ .

06

different types of ~는 '서로 다른 종류의'의 의미입니다.

There are / different types of water bodies.

있다 / 서로 다른 종류의 수역이 .

07

They / are / ocean, river, and lake.
An ocean / is / a very large body of water.

그들은 / 이다 / 바다, 강, 그리고 호수 .

_____ / _____ / _____ .

08

A river / is / a long body of water.

_____ / _____ / _____ .

09

A river / flows / into an ocean.
A lake / has / land / all around it.

_____ / _____ / _____ .

호수는 / 가지고 있다 / 땅을 / 사방에 .

Workbook p.2에서 문장을 더 연습하기

| big | 큰 | big |
| world | 세계 | |

big world

큰 세계

| large | 커다란 | |
| continent | 대륙 | |

large continent

| close to | ~에 가까운 | |
| Asia | 아시아 대륙 | |

close to Asia

| near | ~가까이에 | |
| Europe | 유럽 대륙 | |

near Europe

| on | ~위에 | |
| map | 지도 | |

on the map

| beautiful | 아름다운 | |
| Earth | 지구 | |

beautiful Earth

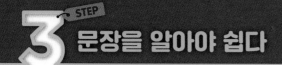

① be동사 + 형용사

| 주어 | be동사 + 형용사 |
|---|---|
| **The dog** 그 개는 | **is smart.** 똑똑하다. |

✔ 본문 확인하기

**The world** | **is big** .
세계는 / 크다 .

✔ 본문 체크하기

**Europe** | **is close to Asia** .
_____ / _____ .

**Earth** | **is beautiful** .
_____ / _____ .

**핵심 Point**

**be동사 + 형용사**
<be동사+형용사>는 '~(하)다'라고 해석해요.

**⊕ PLUS NOTE**
be동사 뒤의 형용사는 주격, 보어로서 주어를 보충 설명해요.

② be동사 + 전치사구

| 주어 | be동사 | 전치사구 |
|---|---|---|
| **Africa** 아프리카는 | **is** 있다 | **near Europe and Asia.** 유럽과 아시아 대륙 근처에. |

✔ 본문 확인하기

**Egypt and South Africa** | **are** | **in Africa** .
이집트와 남아프리카 공화국은 / 있다 / 아프리카 대륙에 .

✔ 본문 체크하기

**America and Canada** | **are** | **in North America** .
_____ / _____ / _____ .

**Brazil and Argentina** | **are** | **in South America** .
_____ / _____ / _____ .

**핵심 Point**

**be동사 + 전치사구**
<be동사+전치사구>는 '~에 있다'라고 해석해요.

# Continents and Oceans

The world is big.

It has continents and oceans.

Asia is a large continent.

Korea, Japan, China and Russia are in Asia.

Europe is close to Asia.

England, France, Italy and Germany are in Europe.

Africa is near Europe and Asia.

Egypt and South Africa are in Africa.

America and Canada are in North America.

Brazil and Argentina are in South America.

The continents are surrounded by oceans.

Oceans are blue on the map.

Earth is beautiful.

It is made up of continents and oceans.

**1** 위 글의 내용에 맞게 빈칸에 알맞은 것을 고르세요.

**Korea, England, Egypt, America and Brazil are in different _____.**

a. continents          b. globe          c. oceans

**2** 위 글의 내용에 맞게 알맞은 것을 고르세요.

① The world is [ **big** / **small** ].

② Europe is [ **far from** / **close to** ] Asia.

③ Korea, Japan, China and Russia are in [ **Asia** / **Africa** ].

④ America and Canada are in [ **North America** / **South America** ].

**우리말로 해석하기**

**01**

The world / is big.

세계는 / 크다.

**02**

It / has / continents and oceans.

_____ / _____ / _____.

**03**

Asia / is / a large continent.

_____ / _____ / _____.

Korea, Japan, China and Russia / are / in Asia.

_____ / _____ / _____.

**04**

Europe / is close to Asia.

_____ / _____.

England, France, Italy and Germany / are / in Europe.

영국, 프랑스, 이탈리아 그리고 독일은 / 있다 / 유럽 대륙에.

**05**

Africa / is / near Europe and Asia.

_____ / _____ / _____.

Egypt and South Africa / are / in Africa.

이집트와 남아프리카 공화국은 / 있다 / 아프리카 대륙에.

**06**

America and Canada / are / in North America.

_____ / _____ / _____.

Brazil and Argentina / are / in South America.

_____ / _____ / _____.

**07**

be surrounded by는 '~으로 둘러싸여 있다'의 의미입니다.

The continents / are surrounded by oceans.

_____ / _____.

**08**

Oceans / are blue / on the map.

바다들은 / 파란색이다 / 지도 위에서.

Earth / is beautiful.

_____ / _____.

**09**

be made up of는 '~으로 이루어지다'의 의미입니다.

It / is made up of continents and oceans.

그것은 / 대륙과 바다로 이루어져 있다.

Workbook p.5에서 문장을 더 연습하기

| by | ~옆에 | by | computer by the bed |
| bed | 침대 | | 침대 옆의 컴퓨터 |

| messy | 지저분한 | | messy bedroom |
| bedroom | 침실 | | |

| clean | 깨끗한 | | clean room |
| room | 방 | | |

| book | 책 | | books in the bookcase |
| bookcase | 책장 | | |

| desk | 책상 | | desk and chair |
| chair | 의자 | | |

| still | 여전히 | | still untidy |
| untidy | 어수선한 | | |

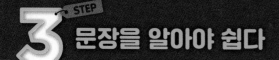

# 3 STEP 문장을 알아야 쉽다

단어, 문장이
바로 구문!!

## ① be동사의 의문문

be동사 + 주어
**Is the baby** | cute?
그 아기는 | 귀여운가?

**본문 확인하기**

**Is the room** | **messy** ?
그 방은 / 지저분한가 ?

**본문 체크하기**

**Is the room** | **clean** ?
_____ / ____ ?

**Is the room** | **still untidy** ?
_____ / _____ ?

### 핵심 Point

**be동사의 의문문**
be동사의 의문문은 '~한가?'라고 해석해요.

⊕ PLUS NOTE
be동사가 문장의 앞으로 나오면 의문문을 만들 수 있어요.
ex. She is cute.
Is she cute?

## ② be동사의 부정문

주어 | be동사 + not
**The cat** | **is not small.**
그 고양이는 | 작지 않다.

**본문 확인하기**

**The room** | **is not messy** .
그 방은 / 지저분하지 않다 .

**본문 체크하기**

**The room** | **is not clean** .
_____ / _____ .

**The room** | **is not untidy** .
_____ / _____ .

### 핵심 Point

**be동사의 부정문**
be동사의 부정문은 '~하지 않다'라고 해석해요.

⊕ PLUS NOTE
be동사 뒤에 not을 붙이면 부정문을 만들 수 있어요.
ex. The cat is small.
↓
The cat is not small.

# Clean or Messy?

This is my bedroom.

There is a bed in my room.

There is a computer by the bed.

Is the room messy?

No, the room is not messy. It is clean.

This is my brother's bedroom.

There is a bookcase in his room.

There is a chair in his room.

Is the room clean?

No, the room is not clean. It is messy.

Let's clean up the room.

Put the books in the bookcase.

Put the chair in front of the desk.

Is the room still untidy?

No, the room is not untidy. It is tidy now.

1 위 글의 내용에 맞게 빈칸에 알맞은 것을 고르세요.

**My bedroom is clean, but my brother's bedroom is _____.**

a. tidy                    b. clean                    c. messy

2 위 글의 내용에 맞게 알맞은 것을 고르세요.

① There is a [ **bed / closet** ] in my room.

② There is a [ **closet / bookcase** ] in my brother's bedroom.

③ My bedroom is [ **clean / messy** ].

④ But, my brother's bedroom is [ **clean / messy** ].

01

This / is / my bedroom.

이것은 / 이다 / 나의 침실.

02

There is / a bed / in my room.
There is / a computer / by the bed.

_____ / _____ / _____.
_____ / _____ / _____.

03

Is the room / messy?
No, / the room / is not messy.

_____ / _____ ?
_____ / _____ / _____.

04

It / is clean.
This / is / my brother's bedroom.

그것은 / 깨끗하다.
_____ / _____ / _____.

05

There is / a bookcase / in his room.
There is / a chair / in his room.

있다 / 책장이 / 그의 방에.
있다 / 의자가 / 그의 방에.

06

Is the room / clean?
No, / the room / is not clean.

그 방은 / 깨끗한가?
_____ / _____ / _____.

07

let's는 '~하자'의 의미입니다.

It / is messy. // Let's clean up / the room.

그것은 / 지저분하다. // 치우자 / 그 방을.

08

동사로 시작하는 문장은 '~해라'라고 해석합니다.

Put / the books / in the bookcase.

_____ / _____ / _____.

in front of는 '~앞에'의 의미입니다.

Put / the chair / in front of the desk.

두어라 / 의자를 / 책상 앞에.

09

Is the room / still untidy?
No, / the room / is not untidy. // It / is tidy now.

_____ / _____ ?
아니다, / 그 방은 / 어수선하지 않다. // 그것은 / 이제 정돈되었다.

Workbook p.8에서 문장을 더 연습하기

# PART 2 : 일반동사

단어와 문장규칙으로 읽는 Reading, 구문이 독해다

## UNIT 04　일반동사의 변화

- 일반동사 문장

| Three cats | walk. |

| He and Clara | travel. |

- 일반동사의 변화

| A cat | walks. |

| It | tells | a story. |

## UNIT 05　일반동사의 의문문, 부정문

- 일반동사의 의문문

| Do you like | dogs? |

| Do you work | at home? |

- 일반동사의 부정문

| I | don't like | cats. |

| Some people | don't work | at home. |

단어와 단어가 문장으로 연결되는 **Reading Skill**

1
**tell**
☐ 듣다
☑ 말하다

2
**story**
☐ 이야기
☐ 장난감

3
**get**
☐ 주다
☐ 받다

4
**present**
☐ 선물
☐ 왕자

5
**toy**
☐ 이야기
☐ 장난감

6
**move**
☐ 되다
☐ 움직이다

7
**become**
☐ 되다
☐ 움직이다

8
**prince**
☐ 선물
☐ 왕자

9
**travel**
☐ 여행하다
☐ 보다

10
**kingdom**
☐ 왕국
☐ 궁전

11
**watch**
☐ 여행하다
☐ 보다

12
**dance**
☐ 춤
☐ 노래

13
**work**
☐ 일하다
☐ 걷다

14
**at home**
☐ 집에서
☐ 집으로

15
**feed**
☐ 물을 주다
☐ 먹이를 주다

16
**dog**
☐ 개
☐ 고양이

17
**water**
☐ 물을 주다
☐ 먹이를 주다

18
**plant**
☐ 동물
☐ 식물

19
**safety**
☐ 공동체
☐ 안전

20
**community**
☐ 공동체
☐ 안전

21
**for**
☐ ~를 위해
☐ ~로부터

22
**money**
☐ 산
☐ 돈

23
**volunteer**
☐ 경찰관
☐ 자원봉사자

24
**for free**
☐ 무료로
☐ 오랫동안

정답은 p.108에서 확인

| tell | 말하다 | tell |
| story | 이야기 | |

tell a story

이야기를 말하다

| get | 받다 | |
| present | 선물 | |

get a present

| toy | 장난감 | |
| move | 움직이다 | |

toys move

| become | 되다 | |
| prince | 왕자 | |

become a prince

| travel | 여행하다 | |
| kingdom | 왕국 | |

travel to his kingdom

| watch | 보다 | |
| dance | 춤 | |

watch many dances

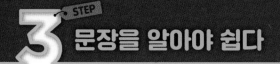

단어, 문장이
바로 구문!!

## ① 일반동사 문장

| 주어 | 일반동사 |
|---|---|
| **Three cats** | **walk.** |
| 고양이 세 마리가 | 걷는다. |

**✓ 본문 확인하기**

**He and Clara** [ are / (travel) ] .

그와 클라라는 / 여행한다 .

**✓ 본문 체크하기**

**They** [ are / watch ] **many dances** .

그들은 / 본다 / 많은 춤을 .

**핵심 Point**

**일반동사 문장**
일반동사는 '~한다'의 의미로 주어의 동작을 나타내요.

**⊕ PLUS NOTE**
eat(먹다), go(가다), meet(만나다), push(밀다), walk(걷다) 등 일반동사는 다양한 동작을 나타내요.

## ② 일반동사의 변화

| 주어 | 일반동사 + (e)s |
|---|---|
| **A cat** | **walks.** |
| 고양이가 | 걷는다. |

**✓ 본문 확인하기**

**It** [ tell / (tells) ] **a story** .

그것은 / 말한다 / 이야기를 .

**✓ 본문 체크하기**

**The toy nutcracker** [ move / moves ] .

그 장난감 호두까기 인형은 / 움직인다 .

**The nutcracker** [ become / becomes ] **a prince** .

그 호두까기 인형은 / 된다 / 왕자가 .

**핵심 Point**

**일반동사 변화**
주어에 따라 일반동사의 모양이 변화해요.
I walk. → She walks.
We walk. → They walk.

**⊕ PLUS NOTE**
주어가 he, she, it과 같은 3인칭 단수일 때 일반동사에는 '-(e)s'가 붙어요.
ex. She walks in the park.
He watches TV.

# The Nutcracker

*The Nutcracker* is a famous ballet.

It tells a story about a toy nutcracker.

Let's read the story of *The Nutcracker*.

Clara gets a present on Christmas.

It is a toy nutcracker.

In her dream, the toy nutcracker moves.

It walks and talks like a person!

The nutcracker becomes a prince.

He fights against the Mouse King.

He and Clara travel to his kingdom.

There, they watch many dances.

And they enjoy their time together.

**1** 위 글의 내용에 맞게 주제를 완성해 보세요.

*The Nutcracker* tells a story about Clara and a toy _____.

**Mouse King / nutcracker**

**2** 위 글의 내용에 맞게 알맞은 것을 고르세요.

① Clara gets a present on [ **Christmas / dream** ].

② In her dream, the toy nutcracker becomes a [ **prince / princess** ].

③ He and Clara travel to his [ **mountain / kingdom** ].

④ There, they watch many [ **songs / dances** ].

**우리말로 해석하기**

01

The Nutcracker / is / a famous ballet.

'호두까기 인형'은 / 이다 / 유명한 발레.

02

It / tells / a story / about a toy nutcracker.

_____ / _____ /
_____ / _____ .

03

Let's read / the story / of The Nutcracker.

_____ / _____ / _____ .

04

Clara / gets / a present / on Christmas.

_____ / _____ /
_____ / _____ .

05

It / is / a toy nutcracker.

그것은 / 이다 / 장난감 호두까기 인형.

06

In her dream, / the toy nutcracker / moves.

_____ / _____ / _____ .

07

It / walks and talks / like a person!
The nutcracker / becomes / a prince.

_____ / _____ / _____ !
_____ / _____ / _____ .

08

He / fights / against the Mouse King.
He and Clara / travel / to his kingdom.

_____ / _____ / _____ .
_____ / _____ / _____ .

09

There, / they / watch / many dances.

_____ / _____ /
_____ / _____ .

And they / enjoy / their time / together.

**우리말로 해석하기**

그리고 그들은 / 즐긴다 / 그들의 시간을 / 함께.

Workbook p.11에서 문장을 더 연습하기

| work | 일하다 | _work_ |
| at home | 집에서 | |

work at home

집에서 일하다

| feed | 먹이를 주다 | |
| dog | 개 | |

feed my dog

| water | 물을 주다 | |
| plant | 식물 | |

water my plants

| safety | 안전 | |
| community | 공동체 | |

safety
of the community

| for | ~를 위해 | |
| money | 돈 | |

for money

| volunteer | 자원봉사자 | |
| for free | 무료로 | |

volunteers work
for free

단어, 문장이
바로 구문!!

### ① 일반동사의 의문문

do(es) + 주어 + 동사

**Do you like**
너는 좋아하는가

dogs?
개를?

---

✔ 본문 확인하기

**Do you work** | **at home** **?**

너는 일을 하는가 / 집에서 ?

✔ 본문 체크하기

**Do you work** | **for yourself** **?**

_____ / _____ ?

**Do you have** | **a job** | **for money** **?**

_____ / _____ / _____ ?

**핵심 Point**

**일반동사의 의문문**
일반동사의 의문문은 '~하는가?'라고 해석해요.

**❋ PLUS NOTE**
문장의 앞에 do/does를 쓰면 일반동사의 의문문을 만들 수 있어요.
ex. They work at home.
　　Do they work at home?
　　She works at home.
　　Does she work at home?

---

### ② 일반동사의 부정문

주어　do(es)n't + 동사

I | **don't like** | cats.
나는　좋아하지 않는다　고양이를.

---

✔ 본문 확인하기

**Some people** | **don't work** | **at home** .

어떤 사람들은 / 일을 하지 않는다 / 집에서 .

✔ 본문 체크하기

**Some people** | **don't work** | **for money** .

_____ / _____ / _____

**핵심 Point**

**일반동사의 부정문**
일반동사의 부정문은 '~하지 않는다'라고 해석해요.

**❋ PLUS NOTE**
동사 앞에 don't/doesn't를 쓰면 일반동사의 부정문을 만들 수 있어요.
ex. They work at home.
　　↓
　　They don't work at home.
　　She works at home.
　　↓
　　She doesn't work at home.

# Important Work

Do you work at home?
Some people don't work at home.
But I do lots of jobs at home.
I feed my dog. I water my plants.
I help my mom with cooking.

Do you work for yourself?
Some people don't work just for themselves.
They work for the community.
Firefighters put out dangerous fires.
Police officers work for the safety of the community.

Do you have a job for money?
Some people don't work for money.
They work for free. They are volunteers.
All kinds of work are important.

**1** 위 글의 내용에 맞게 알맞은 것을 고르세요.

There are many _____ and all kinds of work are _____.
**jobs / plays**                                          **dangerous / important**

**2** 위 글의 내용에 맞게 알맞은 것을 고르세요.

① I [ **feed / water** ] my plants.

② Firefighters work for the [ **community / themselves** ].

③ Police officers work for the [ **danger / safety** ] of the community.

④ Volunteers work for [ **free / money** ].

01 Do you work / at home?

너는 일을 하는가 / 집에서?

02 Some people / don't work / at home.

_____ / _____ / _____.

03 But / I / do / lots of jobs / at home.

하지만 / 나는 / 한다 / 많은 일들을 / 집에서.

04 I / feed / my dog.
I / water / my plants.

_____ / _____ / _____.

_____ / _____ / _____.

05 I / help / my mom / with cooking.
Do you work / for yourself?

나는 / 돕는다 / 나의 어머니가 / 요리하는 것을.

너는 일을 하는가 / 너 자신을 위해서?

06 Some people / don't work / just for themselves.

> just는 '단지'의 의미입니다.

> themselves는 '그들 자신'의 의미입니다.

They / work / for the community.

_____ / _____ / _____.

그들은 / 일한다 / 공동체를 위해서.

07 Firefighters / put out / dangerous fires.
Police officers / work / for the safety / of the community.

소방관들은 / 끈다 / 위험한 불들을.

_____ / _____ /

_____ / _____.

08 Do you have / a job / for money?
Some people / don't work / for money.

너는 가지고 있는가 / 직업을 / 돈을 위해?

_____ / _____ / _____.

09 They / work / for free.
They / are / volunteers.
All kinds of work / are important.

_____ / _____ / _____.

_____ / _____ / _____.

모든 종류의 일은 / 중요하다.

# PART 3 : 명사 / 대명사
단어와 문장규칙으로 읽는 Reading, 구문이 독해다

## 문장 기본기와 끊어 읽기로 향상되는 Reading Skill

### UNIT 06    셀 수 있는 / 없는 명사

- 명사의 복수형

| I | eat | apples. |

| Grains | are | foods. |

- 셀 수 없는 명사

| I | drink | water. |

| Meat | is | food. |

### UNIT 07    비인칭 주어, 대명사(목적격, 소유격)

- 비인칭 주어 it

| It is | Monday. |

| It is | January 10. |

- 목적격과 소유격

| My | mother | loves | me. |

| It is | my | birthday. |

단어와 단어가 문장으로 연결되는 **Reading Skill**

| 1<br>**food**<br>☑ 음식<br>☐ 집단 | 2<br>**group**<br>☐ 음식<br>☐ 집단 | 3<br>**rice**<br>☐ 밥<br>☐ 곡식 | 4<br>**grain**<br>☐ 밥<br>☐ 곡식 |
|---|---|---|---|
| 5<br>**carrot**<br>☐ 당근<br>☐ 양배추 | 6<br>**vegetable**<br>☐ 채소<br>☐ 과일 | 7<br>**banana**<br>☐ 사과<br>☐ 바나나 | 8<br>**fruit**<br>☐ 채소<br>☐ 과일 |
| 9<br>**pork**<br>☐ 돼지고기<br>☐ 소고기 | 10<br>**meat**<br>☐ 육류<br>☐ 유제품 | 11<br>**include**<br>☐ 먹다<br>☐ 포함하다 | 12<br>**cheese**<br>☐ 치즈<br>☐ 육류 |

| 13<br>**what**<br>☐ 무슨, 무엇<br>☐ 언제 | 14<br>**today**<br>☐ 어제<br>☐ 오늘 | 15<br>**special**<br>☐ 특별한<br>☐ 평범한 | 16<br>**day**<br>☐ 밤<br>☐ 날 |
|---|---|---|---|
| 17<br>**my**<br>☐ 나의<br>☐ 나를 | 18<br>**birthday**<br>☐ 기념일<br>☐ 생일 | 19<br>**have**<br>☐ 주다<br>☐ 가지다 | 20<br>**party**<br>☐ 파티<br>☐ 선물 |
| 21<br>**blow out**<br>☐ 불어서 끄다<br>☐ 켜다 | 22<br>**candle**<br>☐ 케이크<br>☐ 초 | 23<br>**give**<br>☐ 주다<br>☐ 가지다 | 24<br>**present**<br>☐ 파티<br>☐ 선물 |

정답은 p.109에서 확인

# UNIT 06

| food | 음식 | food |
|------|------|------|
| group | 집단 | |

→ food group

식품군

| rice | 밥 | |
|------|------|------|
| grain | 곡식 | |

→ rice is a grain

| carrot | 당근 | |
|------|------|------|
| vegetable | 채소 | |

→ carrots are vegetables

| banana | 바나나 | |
|------|------|------|
| fruit | 과일 | |

→ bananas are fruits

| pork | 돼지고기 | |
|------|------|------|
| meat | 육류 | |

→ pork is meat

| include | 포함하다 | |
|------|------|------|
| cheese | 치즈 | |

→ include cheese

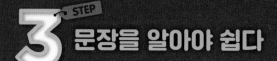

**①**

### 명사의 복수형

| 주어 | | 셀 수 있는 명사 |
|---|---|---|
| **I** | **eat** | **apples.** |
| 나는 | 먹는다 | 사과들을. |

✔ 본문 확인하기

[ Grain / Grains ]　　are　　foods .
곡식들은　　　　/　이다　/　음식 .

✔ 본문 체크하기

[ Vegetable / Vegetables ]　　are　　foods .
채소들은　　　　　/　이다　/　음식 .

[ Fruit / Fruits ]　　are　　foods .
과일들은　　　/　이다　/　음식 .

**핵심 Point**

**명사의 복수형**
셀 수 있는 명사의 복수형은 '~들'이라고
해석해요.

**⊕ PLUS NOTE**
셀 수 있는 명사는 뒤에 '-(e)s'를 붙여서
복수형을 만들 수 있어요.
ex. apple – apples
　　dish – dishes

---

**②**

### 셀 수 없는 명사

| 주어 | | 셀 수 없는 명사 |
|---|---|---|
| **I** | **drink** | **water.** |
| 나는 | 마신다 | 물을. |

✔ 본문 확인하기

[ Meat / Meats ]　　is　　food .
육류는　　　/　이다　/　음식 .

✔ 본문 체크하기

[ Milk / Milks ]　　includes　　cheese .
유제품은　　　/　포함한다　/　치즈를 .

[ Yogurt / Yogurts ]　　is also made from milk .
요구르트는　　　/　또한 우유로 만들어진다 .

**핵심 Point**

**셀 수 없는 명사**
셀 수 없는 명사는 복수형이 존재하지 않
아요.

**⊕ PLUS NOTE**
water(물), bread(빵)와 같이 뚜렷한 형
태가 없는 명사는 셀 수 없어요.
ex. bread (○) – breads (✕)
　　water (○) – waters (✕)

# Food Groups

Food comes from plants.

Food comes from animals, too.

There are five food groups.

Grains are foods like rice and bread.

Vegetables are foods like carrots and lettuce.

Fruits are foods like apples and bananas.

Meat is food like chicken and pork.

Fish and eggs are also meat.

Milk includes cheese.

Yogurt is also made from milk.

We need to eat the five food groups every day.

**1** 위 글의 내용에 맞게 빈칸에 알맞은 것을 고르세요.

**The five food _____ include grains, vegetables, fruits, meat and milk.**

a. chapters          b. groups          c. chains

**2** 위 글의 내용에 맞게 각 빈칸에 알맞은 것을 아래에서 고르세요.

rice and bread     chicken and pork     carrots and lettuce

① Grains are foods like _____.

② Vegetables are foods like _____.

③ Meat is food like _____.

**우리말로 해석하기**

**01**

Food / comes / from plants.

음식은 / 온다 / 식물들로부터.

**02**

Food / comes / from animals, / too.

음식은 / 온다 / 동물들로부터, / 역시.

**03**

There are / five food groups.

_____ / _____.

**04**

Grains / are / foods / like rice and bread.

_____ / _____
_____ / _____.

**05**

Vegetables / are / foods / like carrots and lettuce.

_____ / _____
_____ / _____.

**06**

Fruits / are / foods / like apples and bananas.

_____ / _____
_____ / _____.

**07**

Meat / is / food / like chicken and pork.

_____ / _____
_____ / _____.

**08**

> also는 '또한'이라는 의미입니다.

Fish and eggs / are / also meat.

Milk / includes / cheese.

_____ / _____ / _____.
_____ / _____ / _____.

**09**

> be made from은 '~로 만들어지다'의 의미입니다.

Yogurt / is also made from milk.

We / need to eat / the five food groups / every day.

_____ / _____.

우리는 / 먹을 필요가 있다 / 다섯 개의 식품군을 / 매일.

Workbook p.17에서 문장을 더 연습하기

| what | 무슨, 무엇 | what |
| today | 오늘 | |

MAY
**24**

What day is it today?

오늘은 무슨 날인가?

| special | 특별한 | |
| day | 날 | |

special day

| my | 나의 | |
| birthday | 생일 | |

my birthday

| have | 가지다 | |
| party | 파티 | |

have a party

| blow out | 불어서 끄다 | |
| candle | 초 | |

blow out the candles

| give | 주다 | |
| present | 선물 | |

give presents

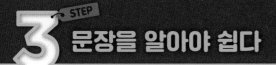

**①**

## 비인칭 주어 it

비인칭 주어
**It is** | **Monday.**
이다 | 월요일.

✓ 본문 확인하기

**It is** | **January 10** .
이다 / 1월 10일 .

✓ 본문 체크하기

**It is** | **a special day** | **today** .
___ / _____ / _____ .

**What time** | **is it** | **now** ?
_____ / ___ / ____ ?

> **핵심 Point**
>
> **비인칭 주어 it**
> 날짜, 날씨, 시간, 거리 등을 나타내는 it은
> '그것'이라고 해석하지 않아요.
>
> **⊕ PLUS NOTE**
> 비인칭주어가 쓰인 it is ~는 '~이다/~하
> 다'라고 해석해요.

**②**

## 목적격과 소유격

소유격 | | 목적격
**My** | mother | loves | **me.**
나의 | 어머니는 | 사랑한다 | 나를.

✓ 본문 확인하기

**It is** | **[ my / me ]** | **birthday** .
이다 / 나의 / 생일 .

✓ 본문 체크하기

**We** | **celebrate** | **[ my / me ]** | **birthday** .
우리는 / 기념한다 / 나의 / 생일을 .

**Everyone** | **gives** | **[ my / me ]** | **presents** .
모두가 / 준다 / 나에게 / 선물을 .

> **핵심 Point**
>
> **목적격과 소유격**
> 인칭대명사의 목적격은 '~를' 또는 '~에
> 게'라고 해석하고, 소유격은 '~의'라고
> 해석해요.
>
> **⊕ PLUS NOTE**
>
> | 주격 | 목적격 | 소유격 |
> |------|--------|--------|
> | I | me | my |
> | you | you | your |
> | he | him | his |
> | she | her | her |
> | it | it | its |

# My Birthday

What day is it today?

It is January 10.

It is a special day today.

It is my birthday.

It is a special day for me.

What time is it now?

It is 12 o'clock.

It is time to start my birthday party!

I have a party with my friends.

We celebrate my birthday.

We have cake and ice cream.

I blow out the candles.

Everyone gives me presents.

1 질문에 맞는 답을 완성하세요.

Q: What day is it today?

A: It is January 10. We celebrate my _____.

**everyday / birthday**

2 위 글의 내용에 맞게 알맞은 것을 고르세요.

① January 10 is my [ **holiday / birthday** ].

② I have a party with my [ **family / friends** ].

③ We have [ **cake / cookies** ] and ice cream.

④ Everyone gives me [ **presents / party** ].

**우리말로 해석하기**

01 What day / is it / today?

무슨 날 / 인가 / 오늘은?

02 It is / January 10.

이다 / 1월 10일.

03 It is / a special day / today.

_____ / _____ / _____.

04 It is / my birthday.
It is / a special day / for me.

_____ / _____.

이다 / 특별한 날 / 나에게.

05 What time / is it / now?
It is / 12 o'clock.

_____ / _____ / _____?

이다 / 12시.

06 It is / time / to start / my birthday party!

이다 / 시간 / 시작할 / 나의 생일 파티를!

07 I / have / a party / with my friends.

_____ / _____ /

celebrate는 '기념하다'의 의미입니다.

We / celebrate / my birthday.

_____ / _____.

_____ / _____.

08 We / have / cake and ice cream.
I / blow out / the candles.

우리는 / 먹는다 / 케이크와 아이스크림을.

_____ / _____ / _____.

09

give는 두 개의 목적어를 가져 '~에게 …를 주다'의 의미입니다.

Everyone / gives / me / presents.

_____ / _____ /

_____ / _____.

Workbook p.20에서 문장을 더 연습하기

# PART 4 : 주요 동사

단어와 문장규칙으로 읽는 Reading, 구문이 독해다

## 문장 기본기와 끊어 읽기로 향상되는 **Reading Skill**

### UNIT 08    have, make, work

- 동사 have / make

  | I | | have | | a dog. |

  | They | | make | | honey. |

- 동사 work

  | I | | work | | alone. |

  | Worker bees | | work | | hard. |

### UNIT 09    use, 감각동사

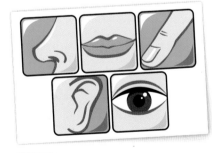

- 동사 use

  | I | | use | | my eyes. |

  | I | | use | | my ears. |

- 감각동사

  | Flowers | | look | | pretty. |

  | Music | | sounds | | beautiful. |

**1 worker**
- ✓ 일꾼
- □ 여왕

**2 bee**
- □ 파리
- □ 벌

**3 with**
- □ ~를 가지고, ~로
- □ ~없이

**4 antenna**
- □ 혀
- □ 더듬이

**5 long**
- □ 짧은
- □ 긴

**6 tongue**
- □ 혀
- □ 더듬이

**7 work**
- □ 일하다
- □ 걷다

**8 hard**
- □ 혼자서
- □ 열심히

**9 make**
- □ 청소하다
- □ 만들다

**10 honey**
- □ 벌집
- □ 꿀

**11 clean**
- □ 청소하다
- □ 만들다

**12 hive**
- □ 벌집
- □ 꿀

**13 use**
- □ 사용하다
- □ 만들다

**14 sense**
- □ 감정
- □ 감각

**15 look**
- □ 보이다
- □ 들리다

**16 pretty**
- □ 예쁜
- □ 맛있는

**17 sound**
- □ 보이다
- □ 들리다

**18 beautiful**
- □ 아름다운
- □ 달콤한

**19 smell**
- □ 냄새가 나다
- □ 맛이 나다

**20 delicious**
- □ 부드러운
- □ 맛있는

**21 taste**
- □ 냄새가 나다
- □ 맛이 나다

**22 sweet**
- □ 아름다운
- □ 달콤한

**23 feel**
- □ 느껴지다
- □ 만지다

**24 soft**
- □ 부드러운
- □ 맛있는

정답은 p.109에서 확인

| worker | 일꾼 | worker |
| bee | 벌 | |

worker bee

일벌

| with | ~를 가지고, ~로 | |
| antenna | 더듬이 | |

smell with antennae

| long | 긴 | |
| tongue | 혀 | |

long tongue

| work | 일하다 | |
| hard | 열심히 | |

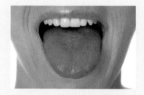

work hard

| make | 만들다 | |
| honey | 꿀 | |

make honey

| clean | 청소하다 | |
| hive | 벌집 | |

clean the hive

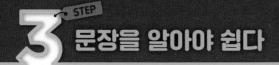

단어, 문장이
바로 구문!!

**①**

**동사**
**have / make**

| 주어 | 일반동사 | |
| --- | --- | --- |
| I | have | a dog. |
| 나는 | 가지고 있다 | 강아지를. |

✓ 본문 확인하기

| Bees | have | two antennae | . |
| --- | --- | --- | --- |
| 벌들은 / | 가지고 있다 / | 두 개의 더듬이를 | . |

✓ 본문 체크하기

| Bees | have | a long tongue | too | . |
| --- | --- | --- | --- | --- |
| ___ / | ___ / | _____ / | ___ | . |

| They | make | honey | . |
| --- | --- | --- | --- |
| ___ / | ___ / | ___ | . |

**핵심 Point**

**동사 have / make**
have는 '가지다'라고 해석하고 make는
'만들다'라고 해석해요.
_____
**◆ PLUS NOTE**
have는 '먹다, 마시다'라는 뜻으로도
쓰여요.
– have lunch (점심을 먹다)
– have some coffee
(커피를 좀 마시다)

**②**

**동사 work**

| 주어 | 일반동사 | |
| --- | --- | --- |
| I | work | alone. |
| 나는 | 일한다 | 혼자서. |

✓ 본문 확인하기

| Worker bees | work | hard | . |
| --- | --- | --- | --- |
| 일벌들은 / | 일한다 / | 열심히 | . |

✓ 본문 체크하기

| They | work | for a long time | . |
| --- | --- | --- | --- |
| ___ / | ___ / | _____ | . |

| They | work | for the bee family | . |
| --- | --- | --- | --- |
| ___ / | ___ / | _____ | . |

**핵심 Point**

**동사 work**
work는 '일하다'라고 해석해요.
_____
**◆ PLUS NOTE**
work for 뒤에 회사, 집단, 사람이 오면,
'~를 위해 일하다', '~의 직원으로 일하다'
라는 의미도 돼요.

# A Worker Bee

These are worker bees.

Worker bees are small.

Bees have two antennae.

They smell with their antennae.

Bees have a long tongue, too.

They taste with their long tongue.

Worker bees work hard.

They work for a long time.

They make honey.

They clean the hive.

Almost 70,000 bees can live in one hive.

They work for the bee family.

But, they work for people, too.

So, we eat their honey!

**1** 위 글의 내용에 맞게 빈칸에 알맞은 것을 고르세요.

**A worker bee has two _____ and a long _____,**
**and it works hard.**

a. antennae — leg    b. tongues — hive    c. antennae — tongue

**2** 위 글의 내용에 맞게 알맞은 것을 고르세요.

① A worker bee is [ **big / small** ].

② A worker bee has two [ **antennae / tongues** ].

③ A worker bee has a long [ **antenna / tongue** ].

④ A worker bee makes [ **eggs / honey** ].

# 문장+단어 한 문장씩 확인하기

**01**

These / are / worker bees.

이들은 / 이다 / 일벌들.

**02**

Worker bees / are small.
Bees / have / two antennae.

일벌들은 / 작다.

_____ / _____ / _____ .

**03**

They / smell / with their antennae.

_____ / _____ / _____ .

**04**

Bees / have / a long tongue, / too.

_____ / _____ / _____ /

_____ / _____ / _____ .

**05**

They / taste / with their long tongue.

_____ / _____ / _____ .

**06**

Worker bees / work / hard.
They / work / for a long time.

_____ / _____ / _____ .

그들은 / 일한다 / 오랜 시간 동안.

**07**

They / make / honey.
They / clean / the hive.

_____ / _____ / _____ .

그들은 / 청소한다 / 벌집을.

**08**

can은 '할 수 있다'의 의미입니다.

Almost 70,000 bees / can live / in one hive.
They / work / for the bee family.

거의 70,000 마리의 벌들이 / 살 수 있다 / 하나의 벌집에.

_____ / _____ / _____ .

**09**

But, / they / work / for people, / too.
So , / we / eat / their honey!

So는 '그래서'의 의미입니다.

하지만, / 그들은 / 일한다 / 사람들을 위해서, / 역시.

_____ / _____ / _____ /

_____ / _____ / _____ !

Workbook p.23에서 문장을 더 연습하기

| use | 사용하다 | use |
| sense | 감각 | |

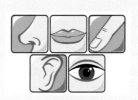

use five senses

다섯 감각을 사용하다

| look | 보이다 | |
| pretty | 예쁜 | |

look pretty

| sound | 들리다 | |
| beautiful | 아름다운 | |

sound beautiful

| smell | 냄새가 나다 | |
| delicious | 맛있는 | |

smell delicious

| taste | 맛이 나다 | |
| sweet | 달콤한 | |

taste sweet

| feel | 느껴지다 | |
| soft | 부드러운 | |

feel soft

단어, 문장이
바로 구문!!

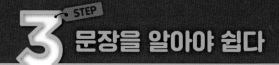

**① 동사 use**

| 주어 | 일반동사 | |
|------|---------|---|
| I | [ use ] | my eyes. |
| 나는 | 사용한다 | 나의 눈을. |

✓ 본문 확인하기

| I | use | my ears | . |
|---|-----|---------|---|
| 나는 / | 사용한다 / | 나의 귀를 | . |

✓ 본문 체크하기

| I | use | my nose | . |
|---|-----|---------|---|
| __ / | __ / | ____ | . |

| I | use | my hands | . |
|---|-----|----------|---|
| __ / | __ / | ____ | . |

**핵심 Point**

**동사 use**
use는 '사용하다'라고 해석해요.

**⊕ PLUS NOTE**
used는 '이미 사용된 적 있는', '중고의'라
는 의미로도 쓰여요.
– a used car (중고 차)
– a used computer (중고 컴퓨터)

**② 감각동사**

| 주어 | 감각동사 | |
|------|---------|---|
| Flowers | [ look ] | pretty. |
| 꽃들은 | 보인다 | 예쁘게. |

✓ 본문 확인하기

| Music | sounds | beautiful | . |
|-------|--------|-----------|---|
| 음악은 / | 들린다 / | 아름답게 | . |

✓ 본문 체크하기

| Food | smells | delicious | . |
|------|--------|-----------|---|
| __ / | __ / | ____ | . |

| Ice cream | tastes | sweet | . |
|-----------|--------|-------|---|
| __ / | __ / | ____ | . |

**핵심 Point**

**감각동사**
감각을 나타내는 동사로는 '보이다', '들리
다', '냄새가 나다' 등이 있어요.

**⊕ PLUS NOTE**
감각동사의 종류

| look | 보이다 |
|------|--------|
| sound | 들리다 |
| smell | 냄새가 나다 |
| taste | 맛이 나다 |
| feel | 느껴지다 |

# The Five Senses

I have five senses.

My five senses are sight, hearing, smell, taste, and touch.

I use my five senses every day.

I use my eyes. Flowers look pretty.

I use my ears. Music sounds beautiful.

I use my nose. Food smells delicious.

I use my tongue. Ice cream tastes sweet.

I use my hands. A teddy bear feels soft.

The world looks very interesting.

Let's use our senses every day.

1 위 글의 내용에 맞게 알맞을 것을 고르세요.

People use the five _____ every day.
**tastes / senses**

2 위 글의 내용에 맞게 알맞은 것을 고르세요.

① I use my [ **ears / eyes** ] and I see things.

② I use my [ **ears / eyes** ] and I hear things.

③ I use my [ **nose / tongue** ] and I smell things.

④ I use my [ **nose / hands** ] and I touch things.

**우리말로 해석하기**

**01**

I / have / five senses.

나는 / 가지고 있다 / 다섯 감각을.

**02**

My five senses / are / sight, hearing, smell, taste, and touch.

_____ / _____ /

_____.

**03**

I / use / my five senses / every day.

_____ / _____ /

_____ / _____.

**04**

I / use / my eyes.
Flowers / look / pretty.

나는 / 사용한다 / 나의 눈들을.

_____ / _____ / _____.

**05**

I / use / my ears.
Music / sounds / beautiful.

나는 / 사용한다 / 나의 귀들을.

_____ / _____ / _____.

**06**

I / use / my nose.
Food / smells / delicious.

나는 / 사용한다 / 나의 코를.

_____ / _____ / _____.

**07**

I / use / my tongue.
Ice cream / tastes / sweet.

나는 / 사용한다 / 나의 혀를.

_____ / _____ / _____.

**08**

I / use / my hands.
A teddy bear / feels / soft.

나는 / 사용한다 / 나의 손들을.

_____ / _____ / _____.

**09**

interesting은 '흥미로운'의 의미입니다.

The world / looks / very interesting.
Let's use / our senses / every day.

_____ / _____ /

사용하자 / 우리의 감각들을 / 매일.

Workbook p.26에서 문장을 더 연습하기

# PART 5 : 시제

단어와 문장규칙으로 읽는 Reading, 구문이 독해다

## UNIT 10 현재시제

- 현재시제

| She | takes | the bus. |
| Tom | rides | his bicycle. |

- 빈도부사(습관)

| She | never takes | the bus. |
| Anna | always walks | to school. |

## UNIT 11 현재진행형

- 현재진행형 1

| Dogs | are barking. | |
| Animals | are acting | strangely. |

- 현재진행형 2

| She | is working. | |
| The ground | is cracking. | |

단어와 단어가 문장으로 연결되는 **Reading Skill**

**1 ride**
☑ 타다
☐ 걷다

**2 bicycle**
☐ 자전거
☐ 자동차

**3 take**
☐ 운전하다
☐ 타다

**4 bus**
☐ 버스
☐ 지하철

**5 walk**
☐ 타다
☐ 걷다

**6 school**
☐ 직장
☐ 학교

**7 subway**
☐ 버스
☐ 지하철

**8 work**
☐ 직장
☐ 학교

**9 drive**
☐ 운전하다
☐ 타다

**10 car**
☐ 자전거
☐ 자동차

**11 sometimes**
☐ 때때로
☐ 항상

**12 taxi**
☐ 택시
☐ 지하철

**13 act**
☐ 행동하다
☐ 짖다

**14 strangely**
☐ 이상한
☐ 이상하게

**15 dog**
☐ 개
☐ 고양이

**16 bark**
☐ 행동하다
☐ 짖다

**17 strange**
☐ 이상한
☐ 이상하게

**18 sound**
☐ 냄새
☐ 소리

**19 run**
☐ 걷다
☐ 뛰다

**20 around**
☐ 이리저리
☐ 가만히

**21 ground**
☐ 하늘
☐ 땅바닥

**22 shake**
☐ 흔들리다
☐ 잠들다

**23 earthquake**
☐ 전쟁
☐ 지진

**24 crack**
☐ 균열
☐ 충돌

정답은 p.110에서 확인

| | | | | |
|---|---|---|---|---|
| **ride** | 타다 | *ride* | ride a bicycle | |
| **bicycle** | 자전거 | | 자전거를 타다 | |

| | | | | |
|---|---|---|---|---|
| **take** | 타다 | | take the bus | |
| **bus** | 버스 | | | |

| | | | | |
|---|---|---|---|---|
| **walk** | 걷다 | | walk to school | |
| **school** | 학교 | | | |

| | | | | |
|---|---|---|---|---|
| **subway** | 지하철 | | take the subway to work | |
| **work** | 직장 | | | |

| | | | | |
|---|---|---|---|---|
| **drive** | 운전하다 | | drive a car | |
| **car** | 자동차 | | | |

| | | | | |
|---|---|---|---|---|
| **sometimes** | 때때로 | | sometimes take a taxi | |
| **taxi** | 택시 | | | |

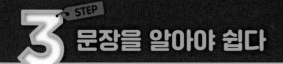

# 3 STEP 문장을 알아야 쉽다

## ❶ 현재시제

| 주어 | 일반동사 | |
|------|---------|---|
| **She** | **takes** | **the bus.** |
| 그녀는 | 탄다 | 버스를. |

**✓ 본문 확인하기**

| Tom | rides | his bicycle | . |
|-----|-------|-------------|---|
| 톰은 / | 탄다 / | 그의 자전거를 | . |

**✓ 본문 체크하기**

| My father | takes | the subway | . |
|-----------|-------|------------|---|
| _____ | / _____ | / _____ | . |

| He | drives | his car | . |
|----|--------|---------|---|
| ___ | / _____ | / _____ | . |

**핵심 Point**

**현재시제**
현재시제의 동사는 현재 사실이나 반복적인 습관을 나타내요.

⊕ **PLUS NOTE**
주어가 3인칭 단수일 경우 현재 동사에는 '-(e)s'가 붙어요.

## ❷ 빈도부사 (습관)

| 주어 | 빈도부사 + 일반동사 | |
|------|-------------------|---|
| **She** | **never takes** | **the bus.** |
| 그녀는 | 절대 타지 않는다 | 버스를. |

**✓ 본문 확인하기**

| Anna | always walks | to school | . |
|------|--------------|-----------|---|
| 애나는 / | 항상 걸어간다 / | 학교에 | . |

**✓ 본문 체크하기**

| Jane | usually takes | the bus | . |
|------|---------------|---------|---|
| _____ | / _____ | / _____ | . |

| She | sometimes takes | the bus | . |
|-----|-----------------|---------|---|
| _____ | / _____ | / _____ | . |

**핵심 Point**

**빈도부사**
얼마나 자주 일어나는지를 나타내는 부사로는 always(항상), usually(보통), sometimes(때때로), never(절대) 등이 있어요.

⊕ **PLUS NOTE**
빈도부사는 일반동사의 앞에 쓰여 습관을 나타내요.

# How Do They Go to Work and School?

People go to work and school in different ways.

Tom usually rides his bicycle to school.
Jane usually takes the bus to school.
Anna always walks to school.
She never takes the bus to school.

My father usually takes the subway to work.
He sometimes drives his car.
But he never rides his bicycle to work.

My mother usually rides her bicycle to work.
She sometimes takes the bus.
But she never takes a taxi.

---

**1** 위 글의 내용에 맞게 빈칸에 알맞은 것을 고르세요.

**People go to _____ and _____ in different ways.**

a. work — school        b. work — home        c. home — school

**2** 위 글의 내용에 맞게 알맞은 것을 고르세요.

① Tom [ **ride / rides** ] his bicycle to school.
② Anna always [ **walk / walks** ] to school.
③ My father [ **drive / drives** ] his car to work.
④ My mother [ **take / takes** ] the bus to work.

# 문장+단어 한 문장씩 확인하기

**01**

in different ways는 '서로 다른 방법으로'의 의미입니다.

People / go / to work and school / in different ways .

사람들은 / 간다 / 직장과 학교에 / 서로 다른 방법으로.

**02**

to는 '~에'의 의미입니다.

Tom / usually rides / his bicycle / to school.

_____ / _____ /
_____ / _____ .

**03**

Jane / usually takes / the bus / to school.

_____ / _____ /
_____ / _____ .

**04**

Anna / always walks / to school.

_____ / _____ / _____ .

**05**

She / never takes / the bus / to school.

그녀는 / 절대 타고 가지 않는다 / 버스를 / 학교에.

**06**

My father / usually takes / the subway / to work.

_____ / _____ /
_____ / _____ .

**07**

He / sometimes drives / his car.

_____ / _____ / _____ .

but은 '하지만'의 의미입니다.

But / he / never rides / his bicycle / to work.

하지만 / 그는 / 절대 타고 가지 않는다 / 그의 자전거를 / 직장에.

**08**

My mother / usually rides / her bicycle / to work.

_____ / _____ /
_____ / _____ .

**09**

She / sometimes takes / the bus.
But / she / never takes / a taxi.

_____ / _____ / _____ .
_____ / _____ / _____ .

Workbook p.29에서 문장을 더 연습하기

**act** 행동하다
*act*

**strangely** 이상하게

act strangely

이상하게 행동하다

**dog** 개

**bark** 짖다

a dog barks

**strange** 이상한

**sound** 소리

strange sound

**run** 뛰다

**around** 이리저리

run around

**ground** 땅바닥

**shake** 흔들리다

the ground shakes

**earthquake** 지진

**crack** 균열

earthquakes make cracks

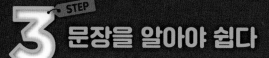

단어, 문장이
바로 구문!!

**① 현재진행형 1**

| 주어 | 동사 |
|---|---|
| **Dogs** 개들이 | **are barking.** 짖고 있다. |

**✓ 본문 확인하기**

| Animals | are acting | strangely | . |
|---|---|---|---|
| 동물들이 / | 행동하고 있다 / | 이상하게 | . |

**✓ 본문 체크하기**

| Horses | are making | strange sounds | . |
|---|---|---|---|
| ___ / | ___ / | ___ | . |

| Birds | are flying | in circles | . |
|---|---|---|---|
| ___ / | ___ / | ___ | . |

**핵심 Point**

**현재진행형 1**
<are+-ing>의 현재진행형은 '~하고 있다'라고 해석해요.

**⊕ PLUS NOTE**
주어가 you이거나 복수일 때 현재진행형의 be동사로 are를 써요.

| 주어 | 동사 |
|---|---|
| You | are singing |
| We | are singing |
| They | are singing |

**② 현재진행형 2**

| 주어 | 동사 |
|---|---|
| **She** 그녀는 | **is working.** 일하고 있다. |

**✓ 본문 확인하기**

| The ground | is cracking | . |
|---|---|---|
| 땅이 / | 금이 가고 있다 | . |

**✓ 본문 체크하기**

| The house | is shaking | . |
|---|---|---|
| ___ / | ___ | . |

| An earthquake | is coming | . |
|---|---|---|
| ___ / | ___ | . |

**핵심 Point**

**현재진행형 2**
<is+-ing>의 현재진행형은 '~하고 있다'라고 해석해요.

**⊕ PLUS NOTE**
주어가 3인칭 단수일 때, 현재진행형의 be동사로 is를 써요.

| 주어 | 동사 |
|---|---|
| He | is coming |
| She | is coming |
| It | is coming |

# Earthquake

Animals are acting strangely.

Dogs are barking.

Horses are making strange sounds.

Birds are flying in circles.

Elephants are running around.

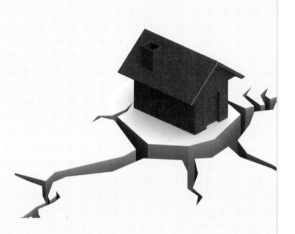

Rumble!

The ground is cracking.

The house is shaking.

The bridge is shaking.

Everything is shaking together.

It is an earthquake.

Earthquakes make cracks in the ground.

Oh, an earthquake is coming, again!

1 위 글의 내용에 맞게 알맞은 것을 고르세요.
Animals act strangely before an _____.
**earthquake / earthworm**

2 위 글의 내용에 맞게 알맞은 것을 고르세요.
① Animals are [ **act / acting** ] strangely.
② Dogs are [ **bark / barking** ].
③ Birds are [ **fly / flying** ] in circles.
④ Everything is [ **shake / shaking** ] together.

**우리말로 해석하기**

**01**

Animals / are acting / strangely.

동물들이 / 행동하고 있다 / 이상하게.

**02**

Dogs / are barking.

_____ / _____ .

**03**

Horses / are making / strange sounds.

_____ / _____ / _____ .

**04**

> fly in circles는 '원을 그리며 날다'의 의미입니다.

Birds / are flying / in circles .

_____ / _____ / _____ .

**05**

Elephants / are running around.

_____ / _____ .

**06**

Rumble!

우르릉!

> crack은 '금이 가다'의 의미도 있습니다.

The ground / is cracking .

_____ / _____ .

The house / is shaking.

집이 / 흔들리고 있다.

**07**

The bridge / is shaking.

다리가 / 흔들리고 있다.

Everything / is shaking / together.

모든 것이 / 흔들리고 있다 / 함께.

**08**

It / is / an earthquake.

_____ / _____ / _____ .

Earthquakes / make / cracks / in the ground.

_____ / _____ / _____ .

_____ / _____ .

**09**

Oh, / an earthquake / is coming, / again!

오, / 지진이 / 오고 있다, / 다시!

Workbook p.32에서 문장을 더 연습하기

# PART 6 : 비교급과 최상급
단어와 문장규칙으로 읽는 Reading, 구문이 독해다

단어와 단어가 문장으로 연결되는 **Reading Skill**

| 1 **rabbit** | 2 **fast** | 3 **runner** | 4 **win** |
|---|---|---|---|
| ☑ 토끼<br>□ 거북이 | □ 빠른, 빠르게<br>□ 느리게 | □ 참가자<br>□ 주자 | □ 이기다<br>□ 지다 |
| 5 **race** | 6 **fall** | 7 **asleep** | 8 **run** |
| □ 경주<br>□ 자동차 | □ 빠지다<br>□ 달리다 | □ 잠이 든<br>□ 달리다 | □ 잠이 든<br>□ 달리다 |

| 9 **farming** | 10 **dry** | 11 **desert** | 12 **little** |
|---|---|---|---|
| □ 사냥<br>□ 농사 | □ 건조한<br>□ 젖은 | □ 사막<br>□ 산 | □ 적은<br>□ 많은 |
| 13 **better** | 14 **place** | 15 **hill** | 16 **travel** |
| □ 더 좋은<br>□ 더 나쁜 | □ 계획<br>□ 장소 | □ 언덕<br>□ 산 | □ 안내하다<br>□ 여행하다 |

| 17 **mountain** | 18 **top** | 19 **world** | 20 **hot** |
|---|---|---|---|
| □ 평원<br>□ 산 | □ 정상<br>□ 바닥 | □ 세계<br>□ 지도 | □ 더운<br>□ 추운 |
| 21 **largest** | 22 **river** | 23 **biggest** | 24 **waterfall** |
| □ 가장 높은<br>□ 가장 큰 | □ 폭포<br>□ 강 | □ 큰<br>□ 가장 큰 | □ 폭포<br>□ 강 |

정답은 p. 111에서 확인

| rabbit | 토끼 | _rabbit_ |
| turtle | 거북이 | |

a rabbit and a turtle

토끼와 거북이

| fast | 빠른, 빠르게 | |
| runner | 주자 | |

fast runner

| win | 이기다 | |
| race | 경주 | |

win the race

| very | 매우 | |
| slowly | 느리게 | |

very slowly

| fall | 빠지다 | |
| asleep | 잠이 든 | |

fall asleep

| run | 달리다 | |
| past | ~을 지나서 | |

run past the rabbit

단어, 문장이
바로 구문!!

## ① 형용사

| 주어 | | 형용사 |
|---|---|---|
| **I** 나는 | **am** 이다 | **a good student.** 좋은 학생. |

✓ 본문 확인하기

| **I** | **am** | **a fast runner** . |
|---|---|---|
| 나는 / | 이다 / | 빠른 주자 . |

✓ 본문 체크하기

| **Turtles** | **are** | **slow runners** . |
|---|---|---|
| _____ / | ___ / | _____ . |

| **I** | **am slow** . |
|---|---|
| ___ / | _____ . |

**핵심 Point**

**형용사**
형용사는 a fast runner처럼 명사를 수식하거나, be slow처럼 동사 뒤에 쓰여요.

**⊕ PLUS NOTE**
– 형용사 + 명사
　a slow runner (느린 주자)
– 동사 + 형용사
　be slow (느리다)

## ② 부사

| 주어 | 동사 | 부사 |
|---|---|---|
| **She** 그녀는 | **speaks** 말한다 | **loudly.** 크게. |

✓ 본문 확인하기

| **The rabbit** | **runs** | **very fast** . |
|---|---|---|
| 토끼는 / | 달린다 / | 매우 빠르게 . |

✓ 본문 체크하기

| **The turtle** | **runs** | **very slowly** . |
|---|---|---|
| _____ / | ___ / | _____ . |

| **I** | **steadily** | **keep going** . |
|---|---|---|
| ___ / | _____ / | _____ . |

**핵심 Point**

**부사**
동사를 꾸며주는 부사는 주로 -ly로 끝나고 '~하게'라고 해석해요.

**⊕ PLUS NOTE**
fast(빠른, 빠르게)와 같이 형용사와 부사의 형태가 똑같은 것도 있어요.
ex. long (긴, 오래), high (높은, 높이)

# The Rabbit and the Turtle

A rabbit and a turtle have a race.

"I am a fast runner," says the rabbit.

"Turtles are slow runners. I will win the race."

"I am not a fast runner," says the turtle.

"I am slow, but I will win the race."

The race begins.

The rabbit runs very fast.

The turtle runs very slowly.

Halfway across the field, the rabbit falls asleep.

The turtle runs past the rabbit.

At last, the turtle wins the race.

"I am slow, but I steadily keep going," says the turtle.

1 다음을 읽고 위 글의 내용과 일치하면 T, 일치하지 않으면 F를 고르세요.
   ① The turtle falls asleep. (T / F)
   ② The turtle wins the race. (T / F)

2 위 글의 내용에 맞게 알맞은 것을 고르세요.
   ① The rabbit runs very [ **fast / slowly** ].
   ② The turtle is [ **fast / slow** ].

**우리말로 해석하기**

**01**

A rabbit and a turtle / have a race.

토끼와 거북이가 / 경주를 한다.

**02**

"~," says ...는 '...가 ~라고 말한다'의 의미입니다.

"I / am / a fast runner," / says the rabbit .

_____ / _____ /

_____ / _____ /

**03**

"Turtles / are / slow runners.
I / will win / the race."

_____ / _____ / _____

_____ / _____ / _____

**04**

"I / am not / a fast runner," / says the turtle.

"나는 / 아니다 / 빠른 주자가," / 라고 거북이가 말한다.

**05**

will은 '~할 것이다'의 의미입니다.

"I / am slow, / but / I / will win / the race."

"나는 / 느리다, / 하지만 / 나는 / 이길 것이다 / 경주에서."

**06**

The race / begins.
The rabbit / runs / very fast.

경주가 / 시작한다.

_____ / _____ / _____

**07**

The turtle / runs / very slowly.

_____ / _____ / _____

**08**

halfway across the field는 '들판을 가로질러 중간에'의 의미입니다.

Halfway across the field, / the rabbit / falls asleep.

_____ / _____ / _____

**09**

The turtle / runs / past the rabbit.
At last, / the turtle / wins / the race.

_____ / _____ / _____

마침내, / 거북이는 / 이긴다 / 경주에서.

**10**

steadily는 '꾸준히'의 의미입니다.

"I / am slow, / but / I / steadily / keep going," / says the turtle.

_____ / _____ /

_____ / _____ /

_____ / _____ /

Workbook p.35에서 문장을 더 연습하기

| good | 좋은 | good |
|---|---|---|
| farming | 농사 | |

good for farming

농사하기에 좋은

| dry | 건조한 | |
|---|---|---|
| desert | 사막 | |

dry desert

| little | 적은 | |
|---|---|---|
| rain | 비 | |

little rain

| better | 더 좋은 | |
|---|---|---|
| place | 장소 | |

better place

| mountain | 산 | |
|---|---|---|
| hill | 언덕 | |

a mountain and a hill

| travel | 여행하다 | |
|---|---|---|
| together | 함께 | |

travel together

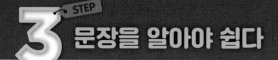
## ① 비교급 문장 1

| 주어 | 비교급 + than | |
|---|---|---|
| **She** | **is taller** | **than me.** |
| 그녀는 | 더 크다 | 나보다. |

✔ 본문 확인하기

| A hill | is lower | than a mountain | . |
|---|---|---|---|
| 언덕은 / | 더 낮다 / | 산보다 | . |

✔ 본문 체크하기

| It | is higher | than a plain | . |
|---|---|---|---|
| ___ / | _____ / | _____ | . |

| It | is drier | than other forms of land | . |
|---|---|---|---|
| ___ / | _____ / | _____ | . |

**핵심 Point**

**비교급 문장 1**
<비교급+than>은 '…보다 더 ~한'으로
해석해요.

**⊕ PLUS NOTE**
형용사의 비교급은 '-(e)r'을 붙여서 만들
수 있어요. 형용사가 <자음+y>로 끝나면
y를 i로 바꾸고 -(e)r을 붙여요.
ex. tall – taller (더 큰)
    happy – happier (더 행복한)

## ② 비교급 문장 2

| 주어 | | 비교급 + 명사 |
|---|---|---|
| **I** | **have** | **more pencils.** |
| 나는 | 가지고 있다 | 더 많은 연필을. |

✔ 본문 확인하기

| There are | more types | of land | . |
|---|---|---|---|
| 있다 / | 더 많은 유형의 / | 땅이 | . |

✔ 본문 체크하기

| The plain | is | a better place | for farming | . |
|---|---|---|---|---|
| ___ / | __ / | _____ / | _____ | . |

| A mountain | is | a higher form | of land | . |
|---|---|---|---|---|
| ___ / | __ / | _____ / | _____ | . |

**핵심 Point**

**비교급 문장 2**
<비교급+명사>는 '더 ~한 …'라고
해석해요.

**⊕ PLUS NOTE**
비교급이 불규칙적으로 변하는 형
용사도 있어요.
ex. many – more (더 많은)
    good – better (더 좋은)

# Different Types of Land

Earth has different types of land.

They are plains, deserts, mountains, and hills.

A plain is flat land. It is good for farming.

A desert has very little rain.

It is drier than other forms of land.

So, the plain is a better place for farming.

A mountain is a higher form of land.

A hill is lower than a mountain.

But, it is higher than a plain.

There are more types of land.

Next time, let's travel them together!

---

**1** 위 글의 내용에 맞게 빈칸에 알맞은 것을 고르세요.

**A hill is lower than _____ but higher than _____.**

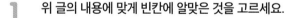

a. a plain — a mountain

b. a desert — a mountain

c. a mountain — a plain

**2** 위 글의 내용에 맞게 알맞은 것을 고르세요.

① **[ A plain / A desert ]** is a better place for farming.

② A mountain is a **[ lower / higher ]** form of land.

③ A hill is **[ lower / higher ]** than a mountain.

④ A hill is **[ lower / higher ]** than a plain.

**우리말로 해석하기**

01
Earth / has / different types of land.

지구는 / 갖고 있다 / 서로 다른 유형의 땅을 .

02
They / are / plains, deserts, mountains, and hills.

그들은 / 이다 / 평원들, 사막들, 산들, 그리고 언덕들 .

03
A plain / is / flat land.
It / is good / for farming.

평원은 / 이다 / 평평한 땅 .
그것은 / 좋다 / 농사하기에 .

04
A desert / has / very little rain.

_____ / _____ / _____ .

05
It / is drier / than other forms of land.

_____ / _____ / _____ .

06
So, / the plain / is / a better place / for farming.

_____ / _____ / _____ /
_____ / _____ .

07
A mountain / is / a higher form of land.

_____ / _____ / _____ .

08
A hill / is lower / than a mountain.
But, / it / is higher / than a plain.

_____ / _____ / _____ .
_____ / _____ /
_____ / _____ .

09
There are / more types of land.
Next time, / let's travel / them / together!

_____ / _____ .
다음에, / 여행하자 / 그곳들을 / 함께 !

Workbook p.38에서 문장을 더 연습하기

**highest** 가장 높은 · _highest_

**mountain** 산

→ the highest mountain

가장 높은 산

**top** 정상

**world** 세계

→ top of the world

**hot** 더운

**place** 곳, 장소

 → hot place

**largest** 가장 큰

**desert** 사막

 → the largest desert

**longest** 가장 긴

**river** 강

 → the longest river

**biggest** 가장 큰

**waterfall** 폭포

 → the biggest waterfall

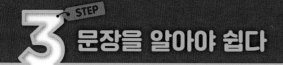

단어, 문장이
바로 구문!!

① 최상급 문장 1

| 주어 | 최상급 |
|------|--------|
| I 나는 | am tallest. 가장 키가 크다. |

✔ 본문 확인하기

| Which river | is longest | ? |
|-------------|-----------|---|
| 어느 강이 / | 가장 긴가 | ? |

✔ 본문 체크하기

| The Nile River | is longest | . |
|----------------|-----------|---|
| _____ / | _____ | . |

| The Gobi Desert | is largest | . |
|-----------------|-----------|---|
| _____ / | _____ | . |

**핵심 Point**

**최상급 문장 1**
<be동사+최상급>은 '가장 ~하다'라고 해석해요.

**⊕ PLUS NOTE**
형용사의 최상급은 '-(e)st'를 붙여서 만들 수 있어요. 단, 형용사가 <단모음+단자음>으로 끝나면, 자음을 한 번 더 써요.
ex. long – longest (가장 긴)
    big – biggest (가장 큰)

② 최상급 문장 2

| 주어 | | 최상급 + 명사 |
|------|------|--------------|
| She 그녀는 | is 이다 | the tallest person. 가장 키가 큰 사람. |

✔ 본문 확인하기

| What is | the world's highest mountain | ? |
|---------|------------------------------|---|
| 무엇인가 / | 세계에서 가장 높은 산은 | ? |

✔ 본문 체크하기

| What is | the world's largest desert | ? |
|---------|----------------------------|---|
| _____ / | _____ | ? |

| What is | the world's biggest waterfall | ? |
|---------|-------------------------------|---|
| _____ / | _____ | ? |

**핵심 Point**

**최상급 문장 2**
<the 최상급+명사>는 '가장 ~한 …'으로 해석해요.

# The World's Best

What is the world's highest mountain?

It is Mount Everest in Asia.

It is the top of the world.

A desert is a hot place.

What is the world's largest desert?

It is the Sahara Desert in Africa.

The Gobi Desert is the largest desert in Asia.

Which river in the world is longest?

The Nile River in Africa is longest.

What is the world's biggest waterfall?

Iguazu Falls in South America is the biggest waterfall.

1 다음을 읽고 위 글의 내용과 일치하면 T, 일치하지 않으면 F를 고르세요.

① The Gobi Desert is the largest desert in Africa.   ( T / F )

② Iguazu Falls is the world's biggest waterfall.   ( T / F )

2 위 글의 내용에 맞게 알맞은 것을 고르세요.

① Mount Everest is the world's [ **highest** / **smallest** ] mountain.

② The Sahara Desert is the world's [ **longest** / **largest** ] desert.

③ The Nile River is the world's [ **highest** / **longest** ] river.

## 문장+단어 한 문장씩 확인하기

**우리말로 해석하기**

01 What is / the world's highest mountain?
무엇인가 / 세계에서 가장 높은 산은?

02 It / is / Mount Everest / in Asia.
그것은 / 이다 / 에베레스트산 / 아시아에 있는.

03 It / is / the top of the world.
_____ / _____ / _____.

04 A desert / is / a hot place.
_____ / _____ / _____.
What is / the world's largest desert?
_____ / _____?

05 It / is / the Sahara Desert / in Africa.
그것은 / 이다 / 사하라 사막 / 아프리카에 있는.

06 The Gobi Desert / is / the largest desert / in Asia.
_____ / _____ / _____ / _____.

07 Which river / in the world / is longest?
_____ / _____ / _____?

08 The Nile River / in Africa / is longest.
나일강이 / 아프리카에 있는 / 가장 길다.

09 What is / the world's biggest waterfall?
_____ / _____?
Iguazu Falls / in South America / is / the biggest waterfall.
_____ / _____ / _____.

Workbook p.41에서 문장을 더 연습하기

074 / **075**

# PART 7 : 의문사

단어와 문장규칙으로 읽는 Reading, 구문이 독해다

## UNIT 15 의문사 1

- What is / are ~?

  | What is | your name? |

  | What are | their jobs? |

- What do / does ~?

  | What | do | you need? |

  | What | does | he teach? |

## UNIT 16 의문사 2

- How many 1

  | How many girls | are there? |

  | How many squares | are there? |

- How many 2

  | How many girls | do | you see? |

  | How many straight lines | do | you see? |

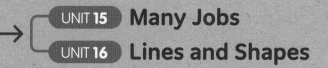

단어와 단어가 문장으로 연결되는 **Reading Skill**

**1**
**teacher**
☐ 의사
☑ 선생님

**2**
**teach**
☐ 가르치다
☐ 입다

**3**
**wear**
☐ 가르치다
☐ 입다

**4**
**gown**
☐ 가운
☐ 마스크

**5**
**doctor**
☐ 의사
☐ 선생님

**6**
**help**
☐ 운동하다
☐ 돕다

**7**
**sick**
☐ 건강한
☐ 아픈

**8**
**people**
☐ 사람들
☐ 동물들

**9**
**waiter**
☐ 웨이터
☐ 제빵사

**10**
**serve food**
☐ 굽다
☐ 음식을 내다

**11**
**baker**
☐ 웨이터
☐ 제빵사

**12**
**bake**
☐ 굽다
☐ 음식을 내다

**13**
**make**
☐ 만들다
☐ 그리다

**14**
**shape**
☐ 선
☐ 모양

**15**
**see**
☐ 보다
☐ 듣다

**16**
**picture**
☐ 그림
☐ 조각

**17**
**straight**
☐ 곧은
☐ 굽은

**18**
**line**
☐ 선
☐ 모양

**19**
**only**
☐ 많이
☐ 오직

**20**
**square**
☐ 원
☐ 정사각형

**21**
**draw**
☐ 만들다
☐ 그리다

**22**
**circle**
☐ 원
☐ 정사각형

**23**
**thick**
☐ 두꺼운
☐ 가느단

**24**
**curved**
☐ 곧은
☐ 굽은

정답은 p.112에서 확인

**teacher** 선생님

teacher

**teach** 가르치다

teachers teach

선생님들은 가르친다.

**wear** 입다

**gown** 가운

wear a gown

**doctor** 의사

**help** 돕다

doctors help

**sick** 아픈

**people** 사람들

sick people

**waiter** 웨이터

**serve food**
음식을 내다

waiters serve food

**baker** 제빵사

**bake** 굽다

bakers bake

단어, 문장이 바로 구문!!

## ① What is / are ~?

주어

| What is | your name? |
| 무엇인가 | 너의 이름은? |

**✔ 본문 확인하기**

| What are | their jobs | ? |
| 무엇인가 / | 그들의 직업들은 | ? |

**✔ 본문 체크하기**

| What is | his job | ? |
| ____ / | ____ | ? |

| What is | their job | ? |
| ____ / | ____ | ? |

**핵심 Point**

**What is / are ~?**
<What is / are ~?>는 '~는 무엇인가?' 라고 해석해요.

**⊕ PLUS NOTE**
주어가 he, it, your name처럼 하나의 대상을 의미하는 경우 what is를 쓰고, 주어가 you이거나 they, their jobs와 같이 여러 개를 의미하는 경우 what are를 써요.
ex. What is it?
↓
What are they?

## ② What do / does ~?

주어

| What | do | you need? |
| 무엇을 | | 너는 필요로 하는가? |

**✔ 본문 확인하기**

| What | does he teach | ? |
| 무엇을 / | 그는 가르치는가 | ? |

**✔ 본문 체크하기**

| What | does she wear | ? |
| ____ / | ____ | ? |

| What | do they bake | ? |
| ____ / | ____ | ? |

**핵심 Point**

**What do / does ~?**
<What do / does ~?>는 '무엇을 ~하는가?'라고 해석해요.

**⊕ PLUS NOTE**
주어가 he, she, it 등의 하나를 의미하는 3인칭일 때에는 what does를 쓰고, 주어가 I, 2인칭일 때와, they와 같이 여러 대상을 의미할 때에는 what do를 써요.
ex. What does he want?
↓
What do they want?

# Many Jobs

There are many different jobs.

Take a look at the photos.

What are their jobs?

What is his job? He is a teacher.

What does he teach?

He teaches math.

What does she wear?

She wears a doctor's gown. She is a doctor.

Doctors help sick people in hospitals.

What is their job?

They are waiters. Waiters serve food.

What do they bake?

They bake bread. They are bakers.

1 위 글의 내용에 맞게 알맞은 것을 고르세요.

There are many different _____.
**schools / jobs**

2 위 글의 내용에 맞게 알맞은 것을 고르세요.

① Teachers [ **teach / serve** ] students.

② Doctors help sick people in [ **hospitals / schools** ].

③ Waiters [ **cook / serve** ] food.

④ Bakers [ **bake / help** ] bread.

**우리말로 해석하기**

01
There are / many different jobs.

있다 / 많은 다른 직업이.

02
Take a look / at the photos.
What are / their jobs?

봐라 / 사진을.
무엇인가 / 그들의 직업들은?

03
What is / his job?
He / is / a teacher.

무엇인가 / 그의 직업은?
_____ / _____ / _____.

04
What / does he teach?
He / teaches / math.

무엇을 / 그는 가르치는가?
_____ / _____ / _____.

05
What / does she wear?

_____ / _____?

06
She / wears / a doctor's gown.
She / is / a doctor.

_____ / _____ / _____.
그녀는 / 이다 / 의사.

07
Doctors / help / sick people / in hospitals.

_____ / _____ / _____ / _____.

08
What is / their job? // They / are / waiters.
Waiters / serve / food.

무엇인가 / 그들의 직업은? // 그들은 / 이다 / 웨이터들.
_____ / _____ / _____.

09
What / do they bake?
They / bake / bread.
They / are / bakers.

무엇을 / 그들은 굽는가?
_____ / _____ / _____.
_____ / _____ / _____.

Workbook p.44에서 문장을 더 연습하기

# UNIT 16

| make | 만들다 | make |
|---|---|---|
| shape | 모양 | |

make shapes

모양들을 만들다

| see | 보다 | |
|---|---|---|
| picture | 그림 | |

see in the picture

| straight | 곧은 | |
|---|---|---|
| line | 선 | |

straight lines

| only | 오직 | |
|---|---|---|
| square | 정사각형 | |

only one square

| draw | 그리다 | |
|---|---|---|
| circle | 원 | |

draw a circle

| thick | 두꺼운 | |
|---|---|---|
| curved | 굽은 | |

thick, curved lines

## ① How many 1

주어

**How many girls** | **are there?**
얼마나 많은 소녀들이 / 있는가?

**본문 확인하기**

**How many squares** **are there** ?
얼마나 많은 정사각형들이 / 있는가 ?

**본문 체크하기**

**How many circles** **are there** ?
_____ / _____ ?

**How many straight lines** **are there** ?
_____ / _____ ?

**핵심 Point**

**How many 1**
<How many+명사>는 '얼마나 많은 ~'
이라고 해석해요.

**⊕ PLUS NOTE**
<How many+명사> 뒤에는 여러 개를 의
미하는 명사만 올 수 있으므로, 동사도 is가
아니라 are만 사용해요.
이 때 의문문의 are there는 '~들이 있는
가?'라고 해석해요.

## ② How many 2

목적어 / 주어

**How many girls** | **do** | **you see?**
얼마나 많은 소녀들을 / 너는 보는가?

**본문 확인하기**

**How many straight lines** **do you see** ?
얼마나 많은 직선들을 / 너는 보는가 ?

**본문 체크하기**

**How many curved lines** **does she draw** ?
_____ / _____ ?

**How many curved lines** **do you find** **in the circle** ?
_____ / _____ / _____ ?

**핵심 Point**

**How many 2**
<How many+명사+do/does>는 '얼
마나 많은 ~을 …하는가?'라고 해석해요.

**⊕ PLUS NOTE**
주어가 he, she, it과 같은 3인칭 단수일
경우 How many+명사+does를 써요.

# Lines and Shapes

Let's see how we make shapes.

How many straight lines do you see in the picture?

I see four straight lines.

How many squares are there?

There is only one square.

My little sister draws a circle.

How many curved lines does she draw?

She draws two thick, curved lines.

How many circles are there?

There is one circle.

Look at the square. How many straight lines are there?

Look at the circle. How many curved lines do you find in the circle?

**1** 위 글의 내용에 맞게 빈칸에 알맞은 것을 고르세요.

**Four straight lines make a _____, and two curved lines make a _____.**

a. circle — line          b circle — square          c. square — circle

**2** 다음을 읽고 위 글의 내용과 일치하면 T, 일치하지 않으면 F를 고르세요.

① I see four curved lines in the square.          ( T / F )

② Four straight lines make a square.          ( T / F )

③ I see two curved lines in the circle.          ( T / F )

④ Two curved lines make a square.          ( T / F )

# 문장⊕단어 한 문장씩 확인하기

01 Let's see / how / we / make / shapes.

보자 / 어떻게 / 우리가 / 만드는지 / 모양들을.

02 How many straight lines / do you see / in the picture?

_____ / _____ / _____?

03 I / see / four straight lines.

나는 / 본다 / 네 개의 직선들을.

04 How many squares / are there?
There is / only one square.

_____ / _____?
_____ / _____.

05 My little sister / draws / a circle.

_____ / _____ / _____.

06 How many curved lines / does she draw?
She / draws / two thick, curved lines.

_____ / _____?
_____ / _____ / _____.

07 How many circles / are there?
There is / one circle.

얼마나 많은 원들이 / 있는가?
있다 / 하나의 원이.

08 look at은 '~을 보다'의 의미입니다.
Look at / the square.
• How many straight lines / are there?

_____ / _____.
얼마나 많은 직선들이 / 있는가?

09 Look at / the circle.       find는 '찾다'의 의미입니다.
How many curved lines / do you find / in the circle?

보아라 / 저 원을.
_____ / _____ / _____?

Workbook p.47에서 문장을 더 연습하기

# PART 8 : 전치사

단어와 문장규칙으로 읽는 Reading, 구문이 독해다

## UNIT 17 장소 (의문사 where)

- Where is / are ~?

  | Where is | the book? |

  | Where are | the children and the snowman? |

- 장소 전치사

  | The bee | is | on the flower. |

  | The bird | is | in the nest. |

## UNIT 18 시간 (의문사 when)

- When do / does ~?

  | When | does | he sleep? |

  | When | do | we celebrate Christmas? |

- 시간 전치사

  | Bears | sleep | in winter. |

  | We | celebrate | it | on December 25. |

단어와 단어가 문장으로 연결되는 **Reading Skill**

**1 on**
☑ ~위에
☐ ~안에

**2 flower**
☐ 나무
☐ 꽃

**3 in**
☐ ~위에
☐ ~안에

**4 nest**
☐ 둥지
☐ 동굴

**5 under**
☐ ~옆에
☐ ~아래에

**6 tree**
☐ 나무
☐ 꽃

**7 by**
☐ ~옆에
☐ ~아래에

**8 snowman**
☐ 눈사람
☐ 허수아비

**9 between**
☐ ~사이에
☐ ~앞에

**10 children**
☐ 어른들
☐ 아이들

**11 in front of**
☐ ~사이에
☐ ~앞에

**12 Christmas tree**
☐ 크리스마스 트리
☐ 부활절 계란

**13 special**
☐ 평범한
☐ 특별한

**14 holiday**
☐ 생일
☐ 휴일

**15 celebrate**
☐ 기념하다
☐ 장식하다

**16 in winter**
☐ 여름에
☐ 겨울에

**17 decorate**
☐ 기념하다
☐ 장식하다

**18 on Christmas**
☐ 크리스마스에
☐ 추수감사절에

**19 give**
☐ 받다
☐ 주다

**20 each other**
☐ 서로서로
☐ 각자

**21 ring**
☐ 울리다
☐ 방문하다

**22 at midnight**
☐ 정오에
☐ 자정에

**23 visit**
☐ 울리다
☐ 방문하다

**24 relative**
☐ 친구
☐ 친척

정답은 p.113에서 확인

| on | ~위에 | on ✏️ |
|----|------|-------|
| flower | 꽃 | |

 → on the flower

꽃 위에 ✏️

| in | ~안에 | |
|----|------|---|
| nest | 둥지 | |

 → in the nest

| under | ~아래에 | |
|-------|--------|---|
| tree | 나무 | |

 → under the tree

| by | ~옆에 | |
|----|------|---|
| snowman | 눈사람 | |

 → by the snowman

| between | ~사이에 | |
|---------|--------|---|
| children | 아이들 | |

 → between the children

| in front of | ~앞에 | |
|-------------|------|---|
| Christmas tree | 크리스마스 트리 | |

 → in front of the Christmas tree

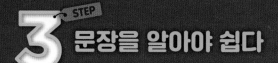

단어, 문장이
바로 구문!!

## ① Where is / are ~?

| Where is<br>어디에 있는가 | 주어<br>the book?<br>그 책은? |

**✓ 본문 확인하기**

| Where are | the bee and the bird | ? |
| 어디에 있는가 / | 그 벌과 그 새는 | ? |

**✓ 본문 체크하기**

| Where is | the fox | ? |
| _____ / | _____ | ? |

| Where are | the children and the snowman | ? |
| _____ / | _____ | ? |

**핵심 Point**

**Where is / are ~?**
<Where is / are ~?>는 '어디에 있
는가?'라고 해석해요.

**⊕ PLUS NOTE**
they, the bee and the bird와 같이 주어
가 여러 개 또는 여러 명을 의미하는 경우에
는 where are를 써요.

## ② 장소 전치사

| 주어<br>The bee<br>그 벌은 | is<br>있다 | 전치사구<br>on the flower.<br>꽃 위에. |

**✓ 본문 확인하기**

| The bird | is | in the nest | . |
| 그 새는 / | 있다 / | 둥지 안에 | . |

**✓ 본문 체크하기**

| The fox | is | under the tree | . |
| _____ / | _____ / | _____ | . |

| The children | are | by the snowman | . |
| _____ / | _____ / | _____ | . |

**핵심 Point**

**장소 전치사**
전치사 in, on, under, by, between,
in front of는 장소를 나타내요.

**⊕ PLUS NOTE**
자주 나오는 장소 전치사

| in | ~안에 |
|---|---|
| on | ~위에 |
| under | ~아래에 |
| by | ~옆에 |
| between ~ and ~ | ~사이에 |
| in front of | ~앞에 |

# Where Are They?

I walk in the garden in summer.

I see a bee, a bird, and a fox.

Where are the bee and the bird?

The bee is on the flower.

The bird is in the nest.

Where is the fox?

The fox is under the tree.

I walk on the streets in winter.

I see children and a snowman.

Where are the children and the snowman?

The children are by the snowman.

The snowman is between the boys and the girls.

They are in front of the Christmas tree.

**1** 위 글의 내용에 맞게 알맞은 것을 고르세요.

I see different things in the _____ and on the _____.
**garage / garden**                    **street / mountain**

**2** 위 글의 내용에 맞게 알맞은 것을 고르세요.

① The bee is [ **in / on** ] the flower.

② The children are [ **between / by** ] the snowman.

③ The snowman is [ **behind / between** ] the boys and the girls.

# 문장 ◑ 단어 한 문장씩 확인하기

**01**

I / walk / in the garden / in summer.

나는 / 걷는다 / 정원에서 / 여름에.

**02**

I / see / a bee, a bird, and a fox.

나는 / 본다 / 벌과, 새와, 그리고 여우를.

**03**

Where are / the bee and the bird?

_____ / _____ ?

**04**

The bee / is / on the flower.

The bird / is / in the nest.

_____ / _____ / _____ .

_____ / _____ / _____ .

**05**

Where is / the fox?

The fox / is / under the tree.

어디에 있는가 / 그 여우는 ?

_____ / _____ / _____ .

**06**

I / walk / on the streets / in winter.

I / see / children and a snowman.

나는 / 걷는다 / 거리 위를 / 겨울에.

_____ / _____ / _____ .

**07**

Where are / the children and the snowman?

_____ / _____ ?

**08**

The children / are / by the snowman.

_____ / _____ / _____ .

> **between A and B**는 'A와 B 사이에'의 의미입니다.

The snowman / is / between the boys and the girls .

_____ / _____ / _____ .

**09**

They / are / in front of the Christmas tree.

_____ / _____ / _____ .

Workbook p.50에서 문장을 더 연습하기

**special** 특별한 — _special_ ✏️

**holiday** 휴일

→

special holiday

특별한 휴일 ✏️

---

**celebrate** 기념하다

**in winter** 겨울에

→

celebrate in winter

---

**decorate** 장식하다

**on Christmas** 크리스마스에

→

decorate trees on Christmas

---

**give** 주다

**each other** 서로서로

→

give each other

---

**ring** 울리다

**at midnight** 자정에

→

ring at midnight

---

**visit** 방문하다

**relative** 친척

→

visit relatives

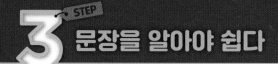

단어, 문장이
바로 구문!!

**①**

**When do /
does ~?**

| When | does | 주어 |
|---|---|---|
| 언제 | | he sleep? |
| | | 그는 잠을 자는가? |

✔ 본문 확인하기

| When | do we celebrate | Christmas | ? |
|---|---|---|---|
| 언제 / | 우리는 기념하는가 / | 크리스마스를 | ? |

✔ 본문 체크하기

| When | do we celebrate | New Year's | ? |
|---|---|---|---|
| ___ / | _____ / | _____ | ? |

| When | does the New Year's Bell ring | ? |
|---|---|---|
| ___ / | _____ | ? |

> **핵심 Point**
>
> **When do / does ~?**
> <When do / does ~?>는 '언제 ~하
> 는가'라고 해석해요.
>
> ✚ **PLUS NOTE**
> 주어가 he, bell같은 3인칭 단수일 때는
> when does를 쓰고, do나 does 뒤에는 주
> 어+동사원형이 와요.

**②**

**시간 전치사**

| 주어 | 동사 | 전치사구 |
|---|---|---|
| **Bears** | **sleep** | **in winter.** |
| 곰들은 | 잠을 잔다 | 겨울에. |

✔ 본문 확인하기

| We | have | special holidays | in winter | . |
|---|---|---|---|---|
| 우리는 / | 가지고 있다 / | 특별한 휴일을 / | 겨울에 | . |

✔ 본문 체크하기

| We | celebrate | it | on December 25 | . |
|---|---|---|---|---|
| ___ / | _____ / | ___ / | _____ | . |

| The bell | rings | at midnight | . |
|---|---|---|---|
| ____ / | ___ / | _____ | . |

> **핵심 Point**
>
> **시간 전치사**
> 전치사 at, on, in은 시간을 나타
> 내요.
>
> ✚ **PLUS NOTE**
> 자주 나오는 시간 전치사
>
> | in | 계절, 년도 |
> |---|---|
> | on | 날짜, 요일 |
> | at | 시간 |
> | before | ~전에 |
> | after | ~후에 |
> | during | ~동안에 |
> | till, by | ~까지 |

# When Is It?

We have special holidays in winter.

They are Christmas and New Year's.

When do we celebrate Christmas?

We celebrate it on December 25.

We decorate trees on Christmas.

We give each other gifts on that day.

When do we celebrate New Year's?

We celebrate New Year's on January 1.

When does the New Year's Bell ring?

The bell rings at midnight.

We visit our relatives.

We eat special food on that day.

**1** 위 글의 내용에 맞게 빈칸에 알맞은 것을 고르세요.

**We celebrate _____ and _____ in winter.**

a. Christmas   —   birthday

b. Christmas   —   New Year's

c. New Year's   —   birthday

**2** 위 글의 내용에 맞게 알맞은 것을 고르세요.

① We have special holidays [ **in** / **on** ] winter.

② We celebrate Christmas [ **on** / **at** ] December 25.

③ We celebrate New Year's [ **in** / **on** ] January 1.

④ The bell rings [ **at** / **in** ] midnight.

# 문장+단어 한 문장씩 확인하기

**01**
We / have / special holidays / in winter.

우리는 / 가지고 있다 / 특별한 휴일을 / 겨울에.

**02**
They / are / Christmas and New Year's.

그들은 / 이다 / 크리스마스와 새해.

**03**
When / do we celebrate / Christmas?

_____ / _____ / _____?

**04**
We / celebrate / it / on December 25.

우리는 / 기념한다 / 그것을 / 12월 25일에.

**05**
We / decorate / trees / on Christmas.

_____ / _____

_____ / _____.

**06**
We / give / each other / gifts / on that day.

_____ / _____ / _____ / 

_____ / _____.

**07**
When / do we celebrate / New Year's?
We / celebrate / New Year's / on January 1.

_____ / _____ / _____?

_____ / _____ / 

_____ / _____.

**08**
When / does the New Year's Bell ring?
The bell / rings / at midnight.

언제 / 새해의 종은 울리는가?

_____ / _____ / _____.

**09**
We / visit / our relatives.
We / eat / special food / on that day.

_____ / _____ / _____.

우리는 / 먹는다 / 특별한 음식을 / 그날.

# PART 9 : 문장의 종류

단어와 문장규칙으로 읽는 Reading, 구문이 독해다

문장 기본기와 끊어 읽기로 향상되는 **Reading Skill**

## UNIT 19  명령문

• 명령문

| Eat | healthy food. |
| Brush | your teeth. |

• 부정 명령문

| Don't go | alone. |
| Don't touch | dangerous things. |

## UNIT 20  청유문

• 청유문 Let's

| Let's play | them | together. |
| Let's play | the violin. |

• 청유문 Let's not

| Let's not eat | ice cream. |
| Let's not use | a bow | this time. |

단어와 단어가 문장으로 연결되는 **Reading Skill**

1
**stay**
☑ 지내다
☐ 가다

2
**healthy**
☐ 아픈
☐ 건강한

3
**brush**
☐ 닦다
☐ 만지다

4
**teeth**
☐ 손들
☐ 치아들

5
**wash**
☐ 먹다
☐ 씻다

6
**hand**
☐ 손
☐ 발

7
**safe**
☐ 안전한
☐ 위험한

8
**indoors**
☐ 실내에서
☐ 실외에서

9
**touch**
☐ 닦다
☐ 만지다

10
**gas stove**
☐ 가스레인지
☐ 전자레인지

11
**dangerous**
☐ 안전한
☐ 위험한

12
**sharp**
☐ 무딘
☐ 날카로운

13
**musical**
☐ 음악적인
☐ 미술적인

14
**instrument**
☐ 방법
☐ 도구

15
**play**
☐ 연주하다
☐ 배우다

16
**violin**
☐ 피아노
☐ 바이올린

17
**use**
☐ 사용하다
☐ 치다

18
**bow**
☐ 활
☐ 채

19
**tap**
☐ 사용하다
☐ 치다

20
**xylophone**
☐ 캐스터네츠
☐ 실로폰

21
**need**
☐ 즐기다
☐ 필요로 하다

22
**stick**
☐ 활
☐ 채

23
**click**
☐ 딸깍거리다
☐ 밟다

24
**castanets**
☐ 캐스터네츠
☐ 실로폰

정답은 p.114에서 확인

| stay | 지내다 | _stay_ |
| healthy | 건강한 | |

stay healthy

건강하게 지내다

| brush | 닦다 | |
| teeth | 치아들 | |

brush your teeth

| wash | 씻다 | |
| hand | 손 | |

wash your hands

| safe | 안전한 | |
| indoors | 실내에서 | |

be safe indoors

| touch | 만지다 | |
| gas stove | 가스레인지 | |

touch gas stoves

| dangerous | 위험한 | |
| sharp | 날카로운 | |

dangerous and sharp

단어, 문장이
바로 구문!!

**①**

**명령문**

| Eat | healthy food. |
|---|---|
| 먹어라 | 건강한 음식을. |

✓ 본문 확인하기

**Take care of** **your body** .
　　돌봐라　　/　너의 몸을　．

✓ 본문 체크하기

**Brush** **your teeth** .
　＿＿＿＿　/　＿＿＿＿＿．

**Wash** **your hands** .
　＿＿＿　/　＿＿＿＿＿．

**핵심 Point**

**명령문**
동사원형으로 시작하는 명령문은 '~해라'
라고 해석해요.

**⊕ PLUS NOTE**
명령문에는 주어(you)가 생략되어 있어요.
명령문 뒤에는 동사에 따라 명사, 형용사
또는 부사 등이 올 수 있어요.

**②**

**부정 명령문**

| Don't go | alone. |
|---|---|
| 가지 마라 | 혼자서. |

✓ 본문 확인하기

**Don't touch** **dangerous things** .
　만지지 마라　/　위험한 것들을　．

✓ 본문 체크하기

**Don't touch** **gas stoves** .
　＿＿＿＿　/　＿＿＿＿＿．

**Don't touch** **sharp things** .
　＿＿＿＿　/　＿＿＿＿＿．

**핵심 Point**

**부정 명령문**
<Don't+동사원형 ~>은 '~하지 마라'라
고 해석해요.

# Staying Healthy and Safe

How can we stay healthy and safe?

First, eat healthy food.
Unhealthy food can make you sick.

Second, take care of your body.
Brush your teeth every day.
Wash your hands before eating.

Lastly, be safe indoors.
Don't touch dangerous things.
Don't touch gas stoves.
Don't touch sharp things.
Use them with your parents.

Stay healthy and safe.
Then you can enjoy a happy life!

---

**1** 다음 질문을 읽고, 위 글의 내용과 일치하면 T, 일치하지 않으면 F를 고르세요.

**How can we stay healthy?**

① First, eat healthy food. ( T / F )

② Second, don't take care of your body. ( T / F )

③ Lastly, don't be safe indoors. ( T / F )

**2** 위 글의 내용에 맞게 알맞은 것을 고르세요.

① [ **Healthy / Unhealthy** ] food can make you sick.

② [ **Brush / Wash** ] your teeth every day.

③ [ **Do / Don't** ] touch dangerous things.

**우리말로 해석하기**

**01**

How / can we stay / healthy and safe?

어떻게 / 우리가 지낼 수 있을까 / 건강하고 안전하게 ?

**02**

First, / eat / healthy food.

첫째로, / 먹어라 / 건강한 음식을 .

**03**

[ can은 '~할 수 있다'의 의미입니다. ]

Unhealthy food / can make / you / sick.

_____ / _____ /

_____ / _____ .

**04**

[ take care of는 '~을 돌보다'의 의미입니다. ]

Second, / take care of / your body.

_____ / _____ / _____ .

**05**

Brush / your teeth / every day.

Wash / your hands / before eating.

_____ / _____ / _____ .

_____ / _____ / _____ .

**06**

Lastly, / be safe / indoors.

_____ / _____ / _____ .

**07**

Don't touch / dangerous things.

Don't touch / gas stoves.

만지지 마라 / 위험한 것들을 .

_____ / _____ .

**08**

Don't touch / sharp things.

[ use는 '사용하다'의 의미입니다. ]

Use / them / with your parents.

_____ / _____ .

_____ / _____ / _____ .

**09**

Stay / healthy and safe.

[ then은 '그러면'의 의미입니다. ]

Then / you / can enjoy / a happy life!

_____ / _____ .

_____ / _____ /

_____ / _____ !

Workbook p.56에서 문장을 더 연습하기

**musical** 음악적인
_musical_

**instrument** 도구

musical instrument

악기

---

**play** 연주하다

**violin** 바이올린

play the violin

---

**use** 사용하다

**bow** 활

use a bow

---

**tap** 치다

**xylophone** 실로폰

tap the xylophone

---

**need** 필요로 하다

**stick** 채

need sticks

---

**click** 딸깍거리다

**castanets** 캐스터네츠

click the castanets

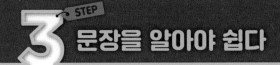

단어, 문장이 바로 구문!!

**①**

**청유문 Let's**

| Let's play | them | together. |
|---|---|---|
| 연주하자 | 그것들을 | 함께. |

**본문 확인하기**

| Let's play | the violin . |
|---|---|
| 연주하자 / | 바이올린을 . |

**본문 체크하기**

| Let's tap | the xylophone . |
|---|---|
| ＿＿＿＿＿ / | ＿＿＿＿＿＿＿ . |

| Let's click | the castanets . |
|---|---|
| ＿＿＿＿＿ / | ＿＿＿＿＿＿＿ . |

**핵심 Point**

**청유문 Let's**
<Let's+동사원형>은 '~하자'라고 해석해요.

**②**

**청유문
Let's not**

| Let's not eat | ice cream. |
|---|---|
| 먹지 말자 | 아이스크림을. |

**본문 확인하기**

| Let's not use | a bow | this time . |
|---|---|---|
| 사용하지 말자 / | 활을 / | 이번에는 . |

**핵심 Point**

**청유문 Let's not**
<Let's not+동사원형>은 '~하지 말자'라고 해석해요.

**본문 체크하기**

| Let's not play | the castanets | with sticks . |
|---|---|---|
| ＿＿＿＿＿ / | ＿＿＿＿＿＿ / | ＿＿＿＿＿＿ . |

# Musical Instruments

Here are many musical instruments.

Let's play them together.

I like to play the violin.

Let's play the violin with a bow.

It sounds wonderful.

I like to play the xylophone.

Let's not use a bow this time.

Let's tap the xylophone with sticks.

It is fun to play.

I also like to play the castanets.

Let's not play the castanets with sticks.

We don't need sticks.

Let's click the castanets with our fingers.

---

**1** 위 글의 내용에 맞게 알맞은 것을 고르세요.

We have different ways to play musical _____.

**presents / instruments**

**2** 위 글의 내용에 맞게 알맞은 것을 고르세요.

① Let's [ **play / hit** ] the violin with a bow.

② Let's [ **click / tap** ] the xylophone with sticks.

③ Let's [ **shake / click** ] the castanets with our fingers.

**우리말로 해석하기**

01

Here are / many musical instruments.

여기 있다 / 많은 악기가.

02

Let's play / them / together.

_____ / _____ / _____ .

> **like to**는 '~하기를 좋아하다'의 의미입니다.

I / like to play / the violin.

_____ / _____ / _____ .

03

Let's play / the violin / with a bow.

_____ / _____ / _____ .

It / sounds / wonderful.

그것은 / 들린다 / 멋지게.

04

I / like to play / the xylophone.

_____ / _____ / _____ .

05

Let's not use / a bow / this time.

_____ / _____ / _____ .

06

Let's tap / the xylophone / with sticks.

_____ / _____ / _____ .

It is fun / to play.

즐겁다 / 연주하는 것은.

07

> **also**는 '또한'의 의미입니다.

I / also like to play / the castanets.

나는 / 또한 연주하기를 좋아한다 / 캐스터네츠를.

08

Let's not play / the castanets / with sticks.

_____ / _____ / _____ .

We / don't need / sticks.

우리는 / 필요하지 않다 / 채들이.

09

Let's click / the castanets / with our fingers.

_____ / _____ / _____ .

Workbook p.59에서 문장을 더 연습하기

초등 영어, 이제 구문으로 읽어요!

# 구문이 독해다

정답과 해설

**1**

# 정답과 해설

## PART 01 be동사

### 단어

1 산  2 언덕  3 평원  4 큰  5 바다  6 강  7 흐르다  8 ~안으로  9 세계  10 대륙  11 ~에 가까운  12 아시아 대륙  13 유럽 대륙  14 지도  15 아름다운  16 지구  17 ~옆에  18 지저분한  19 침실  20 깨끗한  21 방  22 책장  23 책상  24 어수선한

---

| UNIT 01 | Different Land and Water | p.10 |

### STEP 1+2

① 높은 산 / 낮은 언덕
② 평평한 평원 / 큰 바다
③ 긴 강 / 바다로 흐르다

### STEP 3

① 평원은 / 이다 / 평평한 땅
② 계곡은 / 이다 / 좁은 땅
③ 있다 / 서로 다른 종류의 물이

### Reading 정답

1 land, water  2 ① lower  ② large  ③ long  ④ land

### 한 문장씩 확인하기

01 있다 / 서로 다른 종류의 땅이
02 그들은 / 이다 / 산, 언덕, 계곡, 그리고 평원
03 산은 / 이다 / 아주 높은 땅
04 언덕은 / 산보다 더 낮다
05 계곡은 / 이다 / 좁은 땅
　 평원은 / 이다 / 평평한 땅
06 있다 / 서로 다른 종류의 수역이
07 그들은 / 이다 / 바다, 강, 그리고 호수
　 바다는 / 이다 / 아주 커다란 수역
08 강은 / 이다 / 기다란 수역
09 강은 / 흐른다 / 바다로
　 호수는 / 가지고 있다 / 땅을 / 사방에

---

| UNIT 02 | Continents and Oceans | p.14 |

### STEP 1+2

① 큰 세계 / 커다란 대륙
② 아시아 대륙에 가까운 / 유럽 대륙 가까이에
③ 지도 위에 / 아름다운 지구

### STEP 3

① 유럽 대륙은 / 아시아 대륙에 가깝다
② 지구는 / 아름답다
③ 미국과 캐나다는 / 있다 / 북아메리카 대륙에
④ 브라질과 아르헨티나는 / 있다 / 남아메리카 대륙에

### Reading 정답

1 a  2 ① big  ② close to  ③ Asia  ④ North America

### 한 문장씩 확인하기

01 세계는 / 크다
02 그것은 / 가지고 있다 / 대륙과 바다를
03 아시아는 / 이다 / 커다란 대륙
　 한국, 일본, 중국 그리고 러시아는 / 있다 / 아시아 대륙에
04 유럽 대륙은 / 아시아 대륙에 가깝다
　 영국, 프랑스, 이탈리아 그리고 독일은 / 있다 / 유럽 대륙에
05 아프리카 대륙은 / 있다 / 유럽과 아시아 대륙 가까이에
　 이집트와 남아프리카 공화국은 / 있다 / 아프리카 대륙에
06 미국과 캐나다는 / 있다 / 북아메리카 대륙에
　 브라질과 아르헨티나는 / 있다 / 남아메리카 대륙에
07 대륙들은 / 바다로 둘러싸여 있다
08 바다들은 / 파란색이다 / 지도 위에서
　 지구는 / 아름답다
09 그것은 / 대륙과 바다로 이루어져 있다

---

| UNIT 03 | Clean or Messy? | p.18 |

### STEP 1+2

① 침대 옆의 컴퓨터 / 지저분한 침실
② 깨끗한 방 / 책장 안의 책들
③ 책상과 의자 / 여전히 어수선한

### STEP 3

① 그 방은 / 깨끗한가
② 그 방은 / 여전히 어수선한가
③ 그 방은 / 깨끗하지 않다
④ 그 방은 / 어수선하지 않다

### Reading 정답

1 c  2 ① bed  ② bookcase  ③ clean  ④ messy

### 한 문장씩 확인하기

01 이것은 / 이다 / 나의 침실
02 있다 / 침대가 / 나의 방에
　 있다 / 컴퓨터가 / 침대 옆에

# 정답과 해설

03 그 방은 / 지저분한가
　아니다 / 그 방은 / 지저분하지 않다
04 그것은 / 깨끗하다
　이것은 / 이다 / 나의 남동생의 침실
05 있다 / 책장이 / 그의 방에
　있다 / 의자가 / 그의 방에
06 그 방은 / 깨끗한가
　아니다 / 그 방은 / 깨끗하지 않다
07 그것은 / 지저분하다 // 치우자 / 그 방을
08 두어라 / 책을 / 책장 안에
　두어라 / 의자를 / 책상 앞에
09 그 방은 / 여전히 어수선한가
　아니다 / 그 방은 / 어수선하지 않다 // 그것은 / 이제 정돈되었다

## 한 문장씩 **확인하기**

01 '호두까기 인형'은 / 이다 / 유명한 발레
02 그것은 / 말한다 / 이야기를 / 장난감 호두까기 인형에 대한
03 읽어보자 / 이야기를 / '호두까기 인형'의
04 클라라는 / 받는다 / 선물을 / 크리스마스에
05 그것은 / 이다 / 장난감 호두까기 인형
06 그녀의 꿈속에서 / 그 장난감 호두까기 인형은 / 움직인다
07 그것은 / 걷고 이야기한다 / 사람처럼
　그 호두까기 인형은 / 된다 / 왕자가
08 그는 / 싸운다 / 생쥐 왕에 대항하여
　그와 클라라는 / 여행한다 / 그의 왕국으로
09 그곳에서 / 그들은 / 본다 / 많은 춤을
　그리고 그들은 / 즐긴다 / 그들의 시간을 / 함께

---

## PART 02 일반동사

### 단어

1 말하다 2 이야기 3 받다 4 선물 5 장난감 6 움직이다 7 되다 8 왕자 9 여행하다 10 왕국 11 보다 12 춤 13 일하다 14 집에서 15 먹이를 주다 16 개 17 물을 주다 18 식물 19 안전 20 공동체 21 ~를 위해 22 돈 23 자원봉사자 24 무료로

---

| UNIT 04 | The Nutcracker | p.24 |

### STEP 1+2

① 이야기를 말하다 / 선물을 받다
② 장난감들이 움직인다 / 왕자가 되다
③ 그의 왕국으로 여행하다 / 많은 춤을 보다

### STEP 3

① watch
② moves
③ becomes

### Reading 정답

1 nutcracker　2 ① Christmas ② prince ③ kingdom ④ dances

---

| UNIT 05 | Important Work | p.28 |

### STEP 1+2

① 집에서 일하다 / 나의 개에게 먹이를 주다
② 나의 식물들에게 물을 주다 / 공동체의 안전
③ 돈을 위해 / 자원봉사자들은 무료로 일한다

### STEP 3

① 너는 일을 하는가 / 너 자신을 위해서
② 너는 가지고 있는가 / 직업을 / 돈을 위해서
③ 어떤 사람들은 / 일을 하지 않는다 / 돈을 위해서

### Reading 정답

1 jobs, important　2 ① water ② community ③ safety ④ free

### 한 문장씩 **확인하기**

01 너는 일을 하는가 / 집에서
02 어떤 사람들은 / 일을 하지 않는다 / 집에서
03 하지만 / 나는 / 한다 / 많은 일들을 / 집에서
04 나는 / 먹이를 준다 / 나의 개에게
　나는 / 물을 준다 / 나의 식물들에게
05 나는 / 돕는다 / 나의 어머니가 / 요리하는 것을
　너는 일을 하는가 / 너 자신을 위해서
06 어떤 사람들은 / 일을 하지 않는다 / 단지 그들 자신을 위해서
　그들은 / 일한다 / 공동체를 위해서
07 소방관들은 / 끈다 / 위험한 불들을
　경찰관들은 / 일한다 / 안전을 위해 / 공동체의
08 너는 가지고 있는가 / 직업을 / 돈을 위해
　어떤 사람들은 / 일을 하지 않는다 / 돈을 위해
09 그들은 / 일한다 / 무료로
　그들은 / 이다 / 자원봉사자들
　모든 종류의 일은 / 중요하다

**단어**

1 음식  2 집단  3 밥  4 곡식  5 당근  6 채소  7 바나나  8 과일  9 돼지고기  10 육류  11 포함하다  12 치즈  13 무슨, 무엇  14 오늘  15 특별한  16 날  17 나의  18 생일  19 가지다  20 파티  21 불어서 끄다  22 초  23 주다  24 선물

---

### UNIT 06  Food Groups  p.34

**STEP 1+2**

① 식품군 / 밥은 곡식이다
② 당근들은 채소들이다 / 바나나들은 과일들이다
③ 돼지고기는 육류이다 / 치즈를 포함하다

**STEP 3**

① Vegetables
② Fruits
③ Milk
④ Yogurt

## Reading 정답

1 b  2 ① rice and bread  ② carrots and lettuce  ③ chicken and pork

## 한 문장씩 확인하기

01 음식은 / 온다 / 식물들로부터
02 음식은 / 온다 / 동물들로부터 / 역시
03 있다 / 다섯 개의 식품군이
04 곡식들은 / 이다 / 음식 / 밥과 빵과 같은
05 채소들은 / 이다 / 음식 / 당근들과 양상추 같은
06 과일들은 / 이다 / 음식 / 사과들과 바나나들 같은
07 육류는 / 이다 / 음식 / 닭고기와 돼지고기 같은
08 생선과 달걀들은 / 이다 / 또한 육류
    유제품은 / 포함한다 / 치즈를
09 요구르트는 / 또한 우유로 만들어진다
    우리는 / 먹을 필요가 있다 / 다섯 개의 식품군을 / 매일

---

### UNIT 07  My Birthday  p.38

**STEP 1+2**

① 오늘은 무슨 날인가 / 특별한 날
② 나의 생일 / 파티를 하다
③ 초를 불어서 끄다 / 선물을 주다

**STEP 3**

① 이다 / 특별한 날 / 오늘은
② 몇 시 / 인가 / 지금
③ my
④ me

## Reading 정답

1 birthday  2 ① birthday  ② friends  ③ cake  ④ presents

## 한 문장씩 확인하기

01 무슨 날 / 인가 / 오늘은
02 이다 / 1월 10일
03 이다 / 특별한 날 / 오늘은
04 이다 / 나의 생일
    이다 / 특별한 날 / 나에게
05 몇 시 / 인가 / 지금
    이다 / 12시
06 이다 / 시간 / 시작할 / 나의 생일 파티를
07 나는 / 한다 / 파티를 / 나의 친구들과
    우리는 / 기념한다 / 나의 생일을
08 우리는 / 먹는다 / 케이크와 아이스크림을
    나는 / 불어서 끈다 / 그 초들을
09 모두가 / 준다 / 나에게 / 선물을

---

**단어**

1 일꾼  2 벌  3 ~를 가지고, ~로  4 더듬이  5 긴  6 혀  7 일하다  8 열심히  9 만들다  10 꿀  11 청소하다  12 벌집  13 사용하다  14 감각  15 보이다  16 예쁜  17 들리다  18 아름다운  19 냄새가 나다  20 맛있는  21 맛이 나다  22 달콤한  23 느껴지다  24 부드러운

---

### UNIT 08  A Worker Bee  p.44

**STEP 1+2**

① 일벌 / 더듬이로 냄새를 맡다
② 긴 혀 / 열심히 일하다
③ 꿀을 만들다 / 벌집을 청소하다

# 정답과 해설

## STEP 3

① 벌들은 / 가지고 있다 / 긴 혀를 / 또한
② 그들은 / 만든다 / 꿀을
③ 그들은 / 일한다 / 오랜 시간 동안
④ 그들은 / 일한다 / 벌 가족을 위해

## Reading 정답

1 c　2 ① small ② antennae ③ tongue ④ honey

## 한 문장씩 확인하기

01 이들은 / 이다 / 일벌들
02 일벌들은 / 작다
　　벌들은 / 가지고 있다 / 두 개의 더듬이를
03 그들은 / 냄새를 맡는다 / 그들의 더듬이로
04 벌들은 / 가지고 있다 / 긴 혀를 / 역시
05 그들은 / 맛을 본다 / 그들의 긴 혀로
06 일벌들은 / 일한다 / 열심히
　　그들은 / 일한다 / 오랜 시간 동안
07 그들은 / 만든다 / 꿀을
　　그들은 / 청소한다 / 벌집을
08 거의 70,000 마리의 벌들이 / 살 수 있다 / 하나의 벌집에
　　그들은 / 일한다 / 벌 가족을 위해
09 하지만 / 그들은 / 일한다 / 사람들을 위해서 / 역시
　　그래서 / 우리는 / 먹는다 / 그들의 꿀을

## UNIT 09 ▶ The Five Senses p.48

## STEP 1+2

① 다섯 감각을 사용하다 / 예쁘게 보이다
② 아름답게 들리다 / 맛있는 냄새가 나다
③ 달콤한 맛이 나다 / 부드럽게 느껴지다

## STEP 3

① 나는 / 사용한다 / 나의 코를
② 나는 / 사용한다 / 나의 손들을
③ 음식은 / 냄새가 난다 / 맛있는
④ 아이스크림은 / 맛이 난다 / 달콤한

## Reading 정답

1 senses　2 ① eyes ② ears ③ nose ④ hands

## 한 문장씩 확인하기

01 나는 / 가지고 있다 / 다섯 감각을
02 나의 다섯 감각은 / 이다 / 시각, 청각, 후각, 미각, 그리고 촉각

03 나는 / 사용한다 / 나의 다섯 감각을 / 매일
04 나는 / 사용한다 / 나의 눈들을
　　꽃들은 / 보인다 / 예쁘게
05 나는 / 사용한다 / 나의 귀들을
　　음악은 / 들린다 / 아름답게
06 나는 / 사용한다 / 나의 코를
　　음식은 / 냄새가 난다 / 맛있는
07 나는 / 사용한다 / 나의 혀를
　　아이스크림은 / 맛이 난다 / 달콤한
08 나는 / 사용한다 / 나의 손들을
　　곰 인형은 / 느껴진다 / 부드럽게
09 세상은 / 보인다 / 매우 흥미롭게
　　사용하자 / 우리의 감각들을 / 매일

## PART 05 시제

### 단어

1 타다 2 자전거 3 타다 4 버스 5 걷다 6 학교 7 지하철 8 직장 9 운전하다 10 자동차 11 때때로 12 택시 13 행동하다 14 이상하게 15 개 16 짖다 17 이상한 18 소리 19 뛰다 20 이리저리 21 땅바닥 22 흔들리다 23 지진 24 균열

## UNIT 10 ▶ How Do They Go to Work and School? p.54

## STEP 1+2

① 자전거를 타다 / 버스를 타다
② 학교에 걸어가다 / 직장에 지하철을 타고 가다
③ 차를 운전하다 / 때때로 택시를 타다

## STEP 3

① 나의 아버지는 / 탄다 / 지하철을
② 그는 / 운전한다 / 그의 차를
③ 제인은 / 보통 탄다 / 버스를
④ 그녀는 / 때때로 탄다 / 버스를

## Reading 정답

1 a　2 ① rides ② walks ③ drives ④ takes

## 한 문장씩 확인하기

01 사람들은 / 간다 / 직장과 학교에 / 서로 다른 방법으로
02 톰은 / 보통 타고 간다 / 그의 자전거를 / 학교에
03 제인은 / 보통 타고 간다 / 버스를 / 학교에
04 애나는 / 항상 걸어간다 / 학교에
05 그녀는 / 절대 타고 가지 않는다 / 버스를 / 학교에
06 나의 아버지는 / 보통 타고 간다 / 지하철을 / 직장에
07 그는 / 때때로 운전한다 / 그의 차를
　　하지만 / 그는 / 절대 타고 가지 않는다 / 그의 자전거를 / 직장에
08 나의 어머니는 / 보통 타고 간다 / 그녀의 자전거를 / 직장에
09 그녀는 / 때때로 탄다 / 버스를
　　하지만 / 그녀는 / 절대 타지 않는다 / 택시를

---

| UNIT 11 | Earthquake | p.58 |
|---|---|---|

### STEP 1+2

① 이상하게 행동하다 / 개가 짖는다
② 이상한 소리 / 이리저리 뛰다
③ 땅이 흔들린다 / 지진은 균열을 만든다

### STEP 3

① 말들은 / 만들고 있다 / 이상한 소리를
② 새들은 / 날고 있다 / 원을 그리며
③ 집이 / 흔들리고 있다
④ 지진이 / 오고 있다

## Reading 정답

1 earthquake　2 ① acting ② barking ③ flying ④ shaking

## 한 문장씩 확인하기

01 동물들이 / 행동하고 있다 / 이상하게
02 개들이 / 짖고 있다
03 말들은 / 만들고 있다 / 이상한 소리를
04 새들은 / 날고 있다 / 원을 그리며
05 코끼리들은 / 이리저리 뛰어다니고 있다
06 우르릉!
　　땅이 / 금이 가고 있다
　　집이 / 흔들리고 있다
07 다리가 / 흔들리고 있다
　　모든 것이 / 흔들리고 있다 / 함께
08 그것은 / 이다 / 지진
　　지진은 / 만든다 / 균열을 / 땅에
09 오 / 지진이 / 오고 있다 / 다시

---

## PART 06 비교급과 최상급

### 단어

1 토끼　2 빠른, 빠르게　3 주자　4 이기다　5 경주　6 빠지다
7 잠이 든　8 달리다　9 농사　10 건조한　11 사막　12 적은
13 더 좋은　14 장소　15 언덕　16 여행하다　17 산　18 정상　19 세계　20 더운　21 가장 큰　22 강　23 가장 큰　24 폭포

---

| UNIT 12 | The Rabbit and the Turtle | p.64 |
|---|---|---|

### STEP 1+2

① 토끼와 거북이 / 빠른 주자
② 경주에서 이기다 / 매우 느리게
③ 잠이 들다 / 토끼를 지나서 달리다

### STEP 3

① 거북이들은 / 이다 / 느린 주자들
② 나는 / 느리다
③ 거북이는 / 달린다 / 매우 느리게
④ 나는 / 꾸준히 / 계속 간다

## Reading 정답

1 ① F ② T　2 ① fast ② slow

## 한 문장씩 확인하기

01 토끼와 거북이가 / 경주를 한다
02 "나는 / 이다 / 빠른 주자," / 라고 토끼가 말한다
03 "거북이들은 / 이다 / 느린 주자들
　　내가 / 이길 것이다 / 경주에서."
04 "나는 / 아니다 / 빠른 주자가," / 라고 거북이가 말한다
05 "나는 / 느리다, / 하지만 / 나는 / 이길 것이다 / 경주에서."
06 경주가 / 시작한다
　　토끼는 / 달린다 / 매우 빠르게
07 거북이는 / 달린다 / 매우 느리게
08 들판을 가로질러 중간에 / 토끼는 / 잠이 든다
09 거북이는 / 달린다 / 토끼를 지나서
　　마침내 / 거북이는 / 이긴다 / 경주에서
10 "나는 / 느리다, / 하지만 / 나는 / 꾸준히 / 계속 간다," / 라고 거북이가
　　말한다

# 정답과 해설

| UNIT **13** | **Different Types of Land** | p.68 |

## STEP 1+2

① 농사하기에 좋은 / 건조한 사막
② 적은 비 / 더 좋은 장소
③ 산과 언덕 / 함께 여행하다

## STEP 3

① 그것은 / 더 높다 / 평원보다
② 그것은 / 더 건조하다 / 다른 형태의 땅보다
③ 평원은 / 이다 / 더 좋은 장소 / 농사하기에
④ 산은 / 이다 / 더 높은 형태의 / 땅

## Reading 정답

1 c  2 ① A plain ② higher ③ lower ④ higher

## 한 문장씩 확인하기

01 지구는 / 갖고 있다 / 서로 다른 유형의 땅을
02 그들은 / 이다 / 평원들, 사막들, 산들, 그리고 언덕들
03 평원은 / 이다 / 평평한 땅
 그것은 / 좋다 / 농사하기에
04 사막은 / 지닌다 / 매우 적은 비를
05 그것은 / 더 건조하다 / 다른 형태의 땅보다
06 그래서 / 평원은 / 이다 / 더 좋은 장소 / 농사하기에
07 산은 / 이다 / 더 높은 형태의 땅
08 언덕은 / 더 낮다 / 산보다
 하지만 / 그것은 / 더 높다 / 평원보다
09 있다 / 더 많은 유형의 땅이
 다음에 / 여행하자 / 그곳들을 / 함께

## 한 문장씩 확인하기

01 무엇인가 / 세계에서 가장 높은 산은
02 그것은 / 이다 / 에베레스트산 / 아시아에 있는
03 그것은 / 이다 / 세계의 정상
04 사막은 / 이다 / 더운 곳
 무엇인가 / 세계에서 가장 큰 사막은
05 그것은 / 이다 / 사하라 사막 / 아프리카에 있는
06 고비 사막은 / 이다 / 가장 큰 사막 / 아시아에 있는
07 어느 강이 / 세계에서 / 가장 긴가
08 나일강이 / 아프리카에 있는 / 가장 길다
09 무엇인가 / 세계에서 가장 큰 폭포는
 이구아수 폭포가 / 남아메리카에 있는 / 이다 / 가장 큰 폭포

## PART **07** 의문사

### 단어

1 선생님 2 가르치다 3 입다 4 가운 5 의사 6 돕다 7 아픈 8 사람들 9 웨이터 10 음식을 내다 11 제빵사 12 굽다 13 만들다 14 모양 15 보다 16 그림 17 곧은 18 선 19 오직 20 정사각형 21 그리다 22 원 23 두꺼운 24 굽은

| UNIT **14** | **The World's Best** | p.72 |

## STEP 1+2

① 가장 높은 산 / 세계의 정상
② 더운 곳 / 가장 큰 사막
③ 가장 긴 강 / 가장 큰 폭포

## STEP 3

① 나일강이 / 가장 길다
② 고비 사막이 / 가장 크다
③ 무엇인가 / 세계에서 가장 큰 사막은
④ 무엇인가 / 세계에서 가장 큰 폭포는

## Reading 정답

1 ①F ②T  2 ① highest ② largest ③ longest

| UNIT **15** | **Many Jobs** | p.78 |

## STEP 1+2

① 선생님들은 가르친다 / 가운을 입다
② 의사들은 돕는다 / 아픈 사람들
③ 웨이터들이 음식을 낸다 / 제빵사들이 굽는다

## STEP 3

① 무엇인가 / 그의 직업은
② 무엇인가 / 그들의 직업은
③ 무엇을 / 그녀는 입는가
④ 무엇을 / 그들은 굽는가

## Reading 정답

1 jobs  2 ① teach ② hospitals ③ serve ④ bake

## 한 문장씩 확인하기

01 있다 / 많은 다른 직업이
02 봐라 / 사진을
   무엇인가 / 그들의 직업들은
03 무엇인가 / 그의 직업은
   그는 / 이다 / 선생님
04 무엇을 / 그는 가르치는가
   그는 / 가르친다 / 수학을
05 무엇을 / 그녀는 입는가
06 그녀는 / 입는다 / 의사의 가운을
   그녀는 / 이다 / 의사
07 의사들은 / 돕는다 / 아픈 사람들을 / 병원에서
08 무엇인가 / 그들의 직업은 // 그들은 / 이다 / 웨이터들
   웨이터들은 / 낸다 / 음식을
09 무엇을 / 그들은 굽는가
   그들은 / 굽는다 / 빵을
   그들은 / 이다 / 제빵사들

---

| UNIT 16 | Lines and Shapes | p.82 |

**STEP 1+2**

① 모양들을 만들다 / 그림에서 보다
② 직선들 / 오직 하나의 정사각형
③ 원을 그리다 / 두꺼운 곡선들

**STEP 3**

① 얼마나 많은 원들이 / 있는가
② 얼마나 많은 직선들이 / 있는가
③ 얼마나 많은 곡선들을 / 그녀는 그리는가
④ 얼마나 많은 곡선들을 / 너는 찾는가 / 원 안에서

## Reading 정답

1 c  2 ① F ② T ③ T ④ F

## 한 문장씩 확인하기

01 보자 / 어떻게 / 우리가 / 만드는지 / 모양들을
02 얼마나 많은 직선들을 / 너는 보는가 / 그림에서
03 나는 / 본다 / 네 개의 직선들을
04 얼마나 많은 정사각형들이 / 있는가
   있다 / 오직 하나의 정사각형만이
05 나의 여동생은 / 그린다 / 원을
06 얼마나 많은 곡선들을 / 그녀는 그리는가
   그녀는 / 그린다 / 두 개의 두꺼운 곡선들을
07 얼마나 많은 원들이 / 있는가
   있다 / 하나의 원이

08 보아라 / 저 정사각형을
   얼마나 많은 직선들이 / 있는가
09 보아라 / 저 원을
   얼마나 많은 곡선들을 / 너는 찾는가 / 원 안에서

---

### PART 08 전치사

**단어**

1 ~위에  2 꽃  3 ~안에  4 둥지  5 ~아래에  6 나무  7 ~옆에  8 눈사람  9 ~사이에  10 아이들  11 ~앞에  12 크리스마스 트리  13 특별한  14 휴일  15 기념하다  16 겨울에  17 장식하다  18 크리스마스에  19 주다  20 서로서로  21 울리다  22 자정에  23 방문하다  24 친척

---

| UNIT 17 | Where Are They? | p.88 |

**STEP 1+2**

① 꽃 위에 / 둥지 안에
② 나무 아래에 / 눈사람 옆에
③ 아이들 사이에 / 크리스마스 트리 앞에

**STEP 3**

① 어디에 있는가 / 그 여우는
② 어디에 있는가 / 그 아이들과 그 눈사람은
③ 그 여우는 / 있다 / 나무 아래에
④ 그 아이들은 / 있다 / 눈사람 옆에

## Reading 정답

1 garden, street  2 ① on ② by ③ between

## 한 문장씩 확인하기

01 나는 / 걷는다 / 정원에서 / 여름에
02 나는 / 본다 / 벌과, 새와, 그리고 여우를
03 어디에 있는가 / 그 벌과 그 새는
04 그 벌은 / 있다 / 꽃 위에
   그 새는 / 있다 / 둥지 안에
05 어디에 있는가 / 그 여우는
   그 여우는 / 있다 / 나무 아래에

# 정답과 해설

06 나는 / 걷는다 / 거리 위를 / 겨울에

나는 / 본다 / 아이들과 눈사람을

07 어디에 있는가 / 그 아이들과 그 눈사람은

08 그 아이들은 / 있다 / 눈사람 옆에

그 눈사람은 / 있다 / 소년들과 소녀들 사이에

09 그들은 / 있다 / 크리스마스 트리 앞에

**UNIT 18**     **When Is It?**       p.92

**STEP 1+2**

① 특별한 휴일 / 겨울에 기념하다

② 크리스마스에 나무들을 장식하다 / 서로에게 주다

③ 자정에 울리다 / 친척들을 방문하다

**STEP 3**

① 언제 / 우리는 기념하는가 / 새해를

② 언제 / 새해의 종은 울리는가

③ 우리는 / 기념한다 / 그것을 / 12월 25일에

④ 그 종은 / 울린다 / 자정에

## Reading 정답

1 b    2 ① in   ② on   ③ on   ④ at

## 한 문장씩 확인하기

01 우리는 / 가지고 있다 / 특별한 휴일을 / 겨울에

02 그들은 / 이다 / 크리스마스와 새해

03 언제 / 우리는 기념하는가 / 크리스마스를

04 우리는 / 기념한다 / 그것을 / 12월 25일에

05 우리는 / 장식한다 / 나무들을 / 크리스마스에

06 우리는 / 준다 / 서로에게 / 선물을 / 그날

07 언제 / 우리는 기념하는가 / 새해를

우리는 / 기념한다 / 새해를 / 1월 1일에

08 언제 / 새해의 종은 울리는가

그 종은 / 울린다 / 자정에

09 우리는 / 방문한다 / 우리의 친척들을

우리는 / 먹는다 / 특별한 음식을 / 그날

---

**PART 09 문장의 종류**

**단어**

1 지나다   2 건강한   3 닦다   4 치아들   5 씻다   6 손   7 안전한   8 실내에서   9 만지다   10 가스레인지   11 위험한   12 날카로운   13 음악적인   14 도구   15 연주하다   16 바이올린   17 사용하다   18 활   19 치다   20 실로폰   21 필요로 하다   22 채   23 딸깍거리다   24 캐스터네츠

**UNIT 19**     **Staying Healthy and Safe**       p.98

**STEP 1+2**

① 건강하게 지내다 / 너의 이를 닦다

② 너의 손을 씻다 / 실내에서 안전하게 있다

③ 가스레인지를 만지다 / 위험하고 날카로운

**STEP 3**

① 닦아라 / 너의 이를

② 씻어라 / 너의 손을

③ 만지지 마라 / 가스레인지를

④ 만지지 마라 / 날카로운 것들을

## Reading 정답

1 ① T   ② F   ③ F    2 ① Unhealthy   ② Brush   ③ Don't

## 한 문장씩 확인하기

01 어떻게 / 우리가 지낼 수 있을까 / 건강하고 안전하게

02 첫째로 / 먹어라 / 건강한 음식을

03 건강하지 않은 음식은 / 만들 수 있다 / 너를 / 아프게

04 둘째로 / 돌봐라 / 너의 몸을

05 닦아라 / 너의 이를 / 매일

씻어라 / 너의 손을 / 먹기 전에

06 마지막으로 / 안전하게 있어라 / 실내에서

07 만지지 마라 / 위험한 것들을

만지지 마라 / 가스레인지를

08 만지지 마라 / 날카로운 것들을

사용해라 / 그것들을 / 너의 부모님들과

09 지내라 / 건강하고 안전하게

그러면 / 너는 / 즐길 수 있다 / 행복한 삶을

**STEP 1+2**

① 악기 / 바이올린을 연주하다

② 활을 사용하다 / 실로폰을 치다

③ 채를 필요로 하다 / 캐스터네츠를 딸깍거리다

**STEP 3**

① 치자 / 실로폰을

② 딸깍거리자 / 캐스터네츠를

③ 연주하지 말자 / 캐스터네츠를 / 채들로

## Reading 정답

1 instruments     2 ① play ② tap ③ click

## 한 문장씩 확인하기

01 여기 있다 / 많은 악기가

02 연주하자 / 그것들을 / 함께

    나는 / 연주하기를 좋아한다 / 바이올린을

03 연주하자 / 바이올린을 / 활로

    그것은 / 들린다 / 멋지게

04 나는 / 연주하기를 좋아한다 / 실로폰을

05 사용하지 말자 / 활을 / 이번에는

06 치자 / 실로폰을 / 채들로

    즐겁다 / 연주하는 것은

07 나는 / 또한 연주하기를 좋아한다 / 캐스터네츠를

08 연주하지 말자 / 캐스터네츠를 / 채들로

    우리는 / 필요하지 않다 / 채들이

09 딸깍거리자 / 캐스터네츠를 / 우리의 손가락들로

**MEMO**

**MEMO**

초등 독해, 이제 구문으로 읽어요!

# 구문이 독해다

**Workbook 1**

교육 R&D에 앞서가는
 키출판사

초등 영어, 이제 구문으로 읽어요!

# 구문이 독해다

## Workbook 1

주어진 우리말에 해당하는
단어를 쓰세요

| 우리말 | 단어 쓰기 | | 우리말 | 두번<br>단어 ✓ 쓰기 | |
|---|---|---|---|---|---|
| 01 높은<br>+<br>산 | high ✎ | → | 높은 산 | high | |
| | | | | | |
| 02 낮은<br>+<br>언덕 | | → | 낮은 언덕 | | |
| | | | | | |
| 03 평평한<br>+<br>평원 | | → | 평평한 평원 | | |
| | | | | | |
| 04 큰<br>+<br>바다 | | → | 큰 바다 | | |
| | | | | | |
| 05 긴<br>+<br>강 | | → | 긴 강 | | |
| | | | | | |
| 06 흐르다<br>+<br>~안으로 | | → | 바다로<br>흐르다 | | an ocean |
| | | | | | an ocean |

**01** different types of land, there are

문장 ▸ There are | different types of land | .

우리말 ▸ 서로 다른 종류의 땅이 있다 .

**02** mountain, hill, valley, and plain, are, they

문장 ▸ | | | .

우리말 ▸ | .

**03** is very high land, a mountain

문장 ▸ | | .

우리말 ▸ | .

**04** is lower than a mountain, a hill

문장 ▸ | | .

우리말 ▸ | .

**05** is flat land, a plain

문장 ▸ | | .

우리말 ▸ | .

**06** is a very large body of water, an ocean

문장 ▸ | | .

우리말 ▸ | .

**07** is a long body of water, a river

문장 ▸ | | .

우리말 ▸ | .

**08** flows, a river, into an ocean

문장 ▸ | | | .

우리말 ▸ | .

**1** 서로 다른 종류의 땅이 있다. (different, types)

| There are | different types of land | . |

**2** 그들은 산, 언덕, 계곡, 그리고 평원이다. (mountain, hill, valley, plain)

|  |  |  | . |

**3** 산은 아주 높은 땅이다. (a mountain, high)

|  |  |  | . |

**4** 언덕은 산보다 더 낮다. (a hill, lower than)

|  |  | . |

**5** 평원은 평평한 땅이다. (a plain, flat)

|  |  |  | . |

**6** 바다는 아주 커다란 수역이다. (an ocean, a very large body of water)

|  |  |  | . |

**7** 강은 기다란 수역이다. (a river, a long body of water)

|  |  |  | . |

**8** 강은 바다로 흐른다. (flows, into an ocean)

|  |  |  | . |

주어진 우리말에 해당하는
단어를 쓰세요

| 우리말 | 단어 쓰기 | | 우리말 | 두번 ✓ 단어 쓰기 | |
|---|---|---|---|---|---|
| 01 큰 + 세계 | big | → | 큰 세계 | big | |
| 02 커다란 + 대륙 | | → | 커다란 대륙 | | |
| 03 ~에 가까운 + 아시아 대륙 | | → | 아시아 대륙에 가까운 | | |
| 04 ~가까이에 + 유럽 대륙 | | → | 유럽 대륙 가까이에 | | |
| 05 ~위에 + 지도 | | → | 지도 위에 | the the | |
| 06 아름다운 + 지구 | | → | 아름다운 지구 | | |

주어진 단어를 배열해 문장을 완성하고
우리말로 바꿔 쓰세요

**01** is big,
the world

문장 ▸ | The world | is big | .

우리말 ▸ | 세계는 크다 |

**02** has, it,
continents and
oceans

문장 ▸ | | | | .

우리말 ▸ | | .

**03** Asia, is a large
continent

문장 ▸ | | | .

우리말 ▸ | | .

**04** are, Korea, Japan,
China and Russia

문장 ▸ | | | in Asia | .

우리말 ▸ | | .

**05** is close to Asia,
Europe

문장 ▸ | | | .

우리말 ▸ | | .

**06** near Europe and
Asia, is, Africa

문장 ▸ | | | | .

우리말 ▸ | | .

**07** are surrounded
by oceans,
the continents

문장 ▸ | | | .

우리말 ▸ | | .

**08** is beautiful,
Earth

문장 ▸ | | | .

우리말 ▸ | | .

**1** 세계는 크다. (the world, big)

| The world | is big | . |

**2** 그것은 대륙과 바다를 가지고 있다. (continents and oceans)

| | | | . |

**3** 아시아는 커다란 대륙이다. (Asia, large, continent)

| | | | . |

**4** 한국, 일본, 중국 그리고 러시아는 아시아 대륙에 있다. (Korea, Japan, China, Russia, Asia)

| | | | . |

**5** 유럽 대륙은 아시아 대륙에 가깝다. (Europe, close to)

| | | . |

**6** 아프리카 대륙은 유럽과 아시아 대륙 가까이에 있다. (Africa, near, Europe and Asia)

| | | | . |

**7** 대륙들은 바다로 둘러싸여 있다. (the continents, surrounded, oceans)

| | | . |

**8** 지구는 아름답다. (Earth, beautiful)

| | | . |

주어진 우리말에 해당하는
단어를 쓰세요

어수선한

| 우리말 | 단어 쓰기 | | 우리말 | 단어 쓰기 (두번 ✓) | |
|---|---|---|---|---|---|
| 01 ~옆에 + 침대 | by | → | 침대 옆의 컴퓨터 | computer \| by \| the \| \_\_\_ | |
| | | | | computer \| \_\_\_ \| the \| \_\_\_ | |
| 02 지저분한 + 침실 | | → | 지저분한 침실 | | |
| 03 깨끗한 + 방 | | → | 깨끗한 방 | | |
| 04 책 + 책장 | | → | 책장 안의 책들 | \_\_\_(e)s \| in the \| \_\_\_ | |
| | | | | \_\_\_(e)s \| in the \| \_\_\_ | |
| 05 책상 + 의자 | | → | 책상과 의자 | \_\_\_ \| and \| \_\_\_ | |
| | | | | \_\_\_ \| and \| \_\_\_ | |
| 06 여전히 + 어수선한 | | → | 여전히 어수선한 | | |

주어진 단어를 배열해 문장을 완성하고
우리말로 바꿔 쓰세요

**01** a bed, there is, in my room

문장 ▶ | There is | a bed | in my room | .

우리말 ▶ 나의 방에 침대가 있다 .

**02** a computer, there is

문장 ▶ | | | by the bed | .

우리말 ▶ .

**03** is the room, messy

문장 ▶ | | | ?

우리말 ▶ ?

**04** no, is not messy, the room

문장 ▶ | , | | .

우리말 ▶ .

**05** is, this, my brother's bedroom

문장 ▶ | | | .

우리말 ▶ .

**06** the room, no, is not clean

문장 ▶ | , | | .

우리말 ▶ .

**07** the books, put, in the bookcase

문장 ▶ | | | .

우리말 ▶ .

**08** still untidy, is the room

문장 ▶ | | ?

우리말 ▶ ?

**1** 나의 방에 침대가 있다. (a bed, room)

| There is | a bed | in my room | . |

**2** 침대 옆에 컴퓨터가 있다. (a computer, by)

|  |  |  | . |

**3** 그 방은 지저분한가? (messy)

|  |  | ? |

**4** 아니다, 그 방은 지저분하지 않다. (messy)

|  | , |  | . |

**5** 이것은 나의 남동생의 침실이다. (my brother's, bedroom)

|  |  |  | . |

**6** 아니다, 그 방은 깨끗하지 않다. (clean)

|  | , |  | . |

**7** 책을 책장 안에 두어라. (put, the books, the bookcase)

|  |  |  | . |

**8** 그 방은 여전히 어수선한가? (still, untidy)

|  |  | ? |

주어진 우리말에 해당하는 단어를 쓰세요

| 우리말 | 단어 쓰기 | | 우리말 | 단어 ✓ 쓰기 두번 | | |
|---|---|---|---|---|---|---|
| 01 말하다 + 이야기 | tell | → | 이야기를 말하다 | tell | a | |
| | | | | | a | |
| 02 받다 + 선물 | | → | 선물을 받다 | | a | |
| | | | | | a | |
| 03 장난감 + 움직이다 | | → | 장난감들이 움직인다 | (e)s | | |
| | | | | (e)s | | |
| 04 되다 + 왕자 | | → | 왕자가 되다 | | a | |
| | | | | | a | |
| 05 여행하다 + 왕국 | | → | 그의 왕국으로 여행하다 | to his | | |
| | | | | to his | | |
| 06 보다 + 춤 | | → | 많은 춤을 보다 | many | (e)s | |
| | | | | many | (e)s | |

주어진 단어를 배열해 문장을 완성하고
우리말로 바꿔 쓰세요.

**01** tells, a story, it, about a toy nutcracker

문장 ▶ | It | tells | a story | about a toy nutcracker |

우리말 ▶ 그것은 장난감 호두까기 인형에 대한 이야기를 말한다 .

**02** gets, a present, Clara

문장 ▶ | | | | on Christmas |

우리말 ▶ | | .

**03** moves, the toy nutcracker

문장 ▶ | In her dream | , | | | . |

우리말 ▶ | | .

**04** like a person, walks and talks, it

문장 ▶ | | | | . |

우리말 ▶ | | .

**05** becomes a prince, the nutcracker

문장 ▶ | | | . |

우리말 ▶ | | .

**06** against the Mouse King, he, fights

문장 ▶ | | | | . |

우리말 ▶ | | .

**07** travel, he and Clara, to his kingdom

문장 ▶ | | | | . |

우리말 ▶ | | .

**08** they, many dances, watch

문장 ▶ | There | , | | | . |

우리말 ▶ | | .

**1** 그것은 장난감 호두까기 인형에 대한 이야기를 말한다. (tells, a story, a toy nutcracker)

| It | tells | a story | about a toy nutcracker | . |

**2** 클라라는 크리스마스에 선물을 받는다. (gets, a present)

|  |  |  |  | . |

**3** 그녀의 꿈속에서, 그 장난감 호두까기 인형은 움직인다. (dream, the toy nutcracker, moves)

|  | , |  |  | . |

**4** 그것은 사람처럼 걷고 이야기한다. (walks, talks, person)

|  |  |  | . |

**5** 그 호두까기 인형은 왕자가 된다. (becomes, a prince)

|  |  |  | . |

**6** 그는 생쥐 왕에 대항하여 싸운다. (fights, against, the Mouse King)

|  |  |  | . |

**7** 그와 클라라는 그의 왕국으로 여행한다. (travel, kingdom)

|  |  |  | . |

**8** 그곳에서, 그들은 많은 춤을 본다. (watch, dance)

|  | , |  |  | . |

주어진 우리말에 해당하는
단어를 쓰세요

| 우리말 | 단어 쓰기 | 우리말 | 단어 ✓두번 쓰기 |
|---|---|---|---|
| **01** 일하다 + 집에서 | work ✏️ | 집에서 일하다 | work / / |
| **02** 먹이를 주다 + 개 | | 나의 개에게 먹이를 주다 | my / my |
| **03** 물을 주다 + 식물 | | 나의 식물들에게 물을 주다 | my (e)s / my (e)s |
| **04** 안전 + 공동체 | | 공동체의 안전 | of the / of the |
| **05** ~를 위해 + 돈 | | 돈을 위해 | / |
| **06** 자원봉사자 + 무료로 | | 자원봉사자들은 무료로 일한다 | (e)s work / (e)s work |

주어진 단어를 배열해 문장을 완성하고
우리말로 바꿔 쓰세요.

**01** at home,
do you work

문장 ▸ | Do you work | at home | ?

우리말 ▸ 너는 집에서 일을 하는가 ?

**02** some people,
at home,
don't work

문장 ▸ | | | .

우리말 ▸ .

**03** I, my dog, feed

문장 ▸ | | | .

우리말 ▸ .

**04** my plants,
I, water

문장 ▸ | | | .

우리말 ▸ .

**05** don't work, just
for themselves,
some people

문장 ▸ | | | .

우리말 ▸ .

**06** work,
police officers,
of the community,
for the safety

문장 ▸ | | | | .

우리말 ▸ .

**07** for free, they,
work

문장 ▸ | | | .

우리말 ▸ .

**08** volunteers, are,
they

문장 ▸ | | | .

우리말 ▸ .

주어진 단어를 사용해
우리말에 맞게 문장을 쓰세요

**1** 너는 집에서 일을 하는가? (work, home)

| Do you work | at home | ? |

**2** 어떤 사람들은 집에서 일을 하지 않는다. (work, home)

**3** 나는 나의 개에게 먹이를 준다. (feed, dog)

**4** 나는 나의 식물들에게 물을 준다. (water, plants)

**5** 어떤 사람들은 단지 그들 자신을 위해서 일을 하지 않는다. (for themselves)

**6** 경찰관들은 공동체의 안전을 위해 일한다. (police officers, safety, community)

**7** 그들은 무료로 일한다. (for free)

**8** 그들은 자원봉사자들이다. (volunteers)

주어진 우리말에 해당하는
단어를 쓰세요

| 우리말 | 단어 쓰기 | | 우리말 | 단어 ✔쓰기 두번 | | |
|---|---|---|---|---|---|---|
| **01** 음식 + 집단 | food | → | 식품군 | food | | |
| **02** 밥 + 곡식 | | → | 밥은 곡식이다 | | is a | |
| | | | | | is a | |
| **03** 당근 + 채소 | | → | 당근들은 채소들이다 | (e)s | are | (e)s |
| | | | | (e)s | are | (e)s |
| **04** 바나나 + 과일 | | → | 바나나들은 과일들이다 | (e)s | are | (e)s |
| | | | | (e)s | are | (e)s |
| **05** 돼지고기 + 육류 | | → | 돼지고기는 육류이다 | | is | |
| | | | | | is | |
| **06** 포함하다 + 치즈 | | → | 치즈를 포함하다 | | | |

주어진 단어를 배열해 문장을 완성하고
우리말로 바꿔 쓰세요

**01** five food groups,
there are

문장 ▶ | There are | five food groups | .

우리말 ▶ 다섯 개의 식품군이 있다 .

**02** grains,
like rice and
bread, foods, are

문장 ▶ | | | | .

우리말 ▶ | .

**03** foods, are,
like carrots
and lettuce,
vegetables

문장 ▶ | | | | .

우리말 ▶ | .

**04** foods, are, fruits,
like apples and
bananas

문장 ▶ | | | | .

우리말 ▶ | .

**05** like chicken and
pork, meat, food, is

문장 ▶ | | | | .

우리말 ▶ | .

**06** fish and eggs,
also meat, are

문장 ▶ | | | .

우리말 ▶ | .

**07** includes, milk,
cheese

문장 ▶ | | | .

우리말 ▶ | .

**08** is also made
from milk,
yogurt

문장 ▶ | | .

우리말 ▶ | .

**1** 다섯 개의 식품군이 있다. (food groups)

| There are | five food groups |
|---|---|

.

**2** 곡식들은 밥과 빵과 같은 음식이다. (grains, rice and bread)

.

**3** 채소들은 당근들과 양상추 같은 음식이다. (vegetables, carrots and lettuce)

.

**4** 과일들은 사과들과 바나나들 같은 음식이다. (fruits, apples and bananas)

.

**5** 육류는 닭고기와 돼지고기 같은 음식이다. (meat, chicken and pork)

.

**6** 생선과 달걀들은 또한 육류이다. (fish and eggs)

.

**7** 유제품은 치즈를 포함한다. (includes, cheese)

.

**8** 요구르트는 또한 우유로 만들어진다. (yogurt, made from)

.

주어진 우리말에 해당하는
단어를 쓰세요.

| 우리말 | 단어 쓰기 | 우리말 | 단어 ✓ 쓰기 |
|---|---|---|---|
| **무슨, 무엇** + **오늘** (01) | what / | 오늘은 무슨 날인가? | What day is it ? / day is it ? |
| **특별한** + **날** (02) | | 특별한 날 | |
| **나의** + **생일** (03) | | 나의 생일 | |
| **가지다** + **파티** (04) | | 파티를 하다 | a / a |
| **불어서 끄다** + **초** (05) | | 초를 불어서 끄다 | the (e)s / the (e)s |
| **주다** + **선물** (06) | | 선물을 주다 | (e)s / (e)s |

**01** is it, today, what day

문장 ▶ | What day | is it | today | ?

우리말 ▶ 오늘은 무슨 날인가 ?

---

**02** it is, a special day

문장 ▶ | | | today | .

우리말 ▶ .

---

**03** my birthday, it is

문장 ▶ | | .

우리말 ▶ .

---

**04** what time, now, is it

문장 ▶ | | | ?

우리말 ▶ ?

---

**05** with my friends, a party, have, I

문장 ▶ | | | | .

우리말 ▶ .

---

**06** my birthday, celebrate, we

문장 ▶ | | | .

우리말 ▶ .

---

**07** the candles, I, blow out

문장 ▶ | | | .

우리말 ▶ .

---

**08** me, presents, everyone, gives

문장 ▶ | | | | .

우리말 ▶ .

**1** 오늘은 무슨 날인가? (what, it)

| What day | | is it | today | **?** |

**2** 오늘은 특별한 날이다. (special)

**.**

**3** 나의 생일이다. (birthday)

**.**

**4** 지금 몇 시인가? (time, now)

**?**

**5** 나는 나의 친구들과 파티를 한다. (have, party, friends)

**.**

**6** 우리는 나의 생일을 기념한다. (celebrate)

**.**

**7** 나는 그 초들을 불어서 끈다. (blow out, candles)

**.**

**8** 모두가 나에게 선물을 준다. (gives, presents)

**.**

주어진 우리말에 해당하는
단어를 쓰세요

| 우리말 | 단어 쓰기 | | 우리말 | 단어 두번 쓰기 | |
|---|---|---|---|---|---|
| **01** 일꾼 + 벌 | worker / | → | 일벌 | worker | |
| **02** ~를 가지고, ~로 + 더듬이 | | → | 더듬이로 냄새를 맡다 | smell ___ e / smell ___ e | |
| **03** 긴 + 혀 | | → | 긴 혀 | | |
| **04** 일하다 + 열심히 | | → | 열심히 일하다 | | |
| **05** 만들다 + 꿀 | | → | 꿀을 만들다 | | |
| **06** 청소하다 + 벌집 | | → | 벌집을 청소하다 | ___ the ___ / ___ the ___ | |

**01** are, worker bees, these

문장 ▸ These | are | worker bees | .

우리말 ▸ 이들은 일벌들이다 .

**02** have, bees, two antennae

문장 ▸

우리말 ▸

**03** with their antennae, they, smell

문장 ▸

우리말 ▸

**04** too, bees, a long tongue, have

문장 ▸

우리말 ▸

**05** they, with their long tongue, taste

문장 ▸

우리말 ▸

**06** hard, worker bees, work

문장 ▸

우리말 ▸

**07** honey, make, they

문장 ▸

우리말 ▸

**08** they, for the bee family, work

문장 ▸

우리말 ▸

**1** 이들은 일벌들이다. (these, worker bees)

| These | are | worker bees | . |

**2** 벌들은 두 개의 더듬이를 가지고 있다. (bees, antennae)

| | | | . |

**3** 그들은 그들의 더듬이로 냄새를 맡는다. (smell, antennae)

| | | | . |

**4** 벌들은 긴 혀를 역시 가지고 있다. (long, tongue)

| | | | , | | . |

**5** 그들은 그들의 긴 혀로 맛을 본다. (taste, long tongue)

| | | | . |

**6** 일벌들은 열심히 일한다. (work, hard)

| | | | . |

**7** 그들은 꿀을 만든다. (make, honey)

| | | | . |

**8** 그들은 벌 가족을 위해 일한다. (work, the bee family)

| | | | . |

주어진 우리말에 해당하는
단어를 쓰세요

| 우리말 | 단어 쓰기 | | 우리말 | 단어 | 두번 ✓ 쓰기 | |
|---|---|---|---|---|---|---|
| 01 사용하다 + 감각 | use | → | 다섯 감각을 사용하다 | use | five | (e)s |
| | | | | | five | (e)s |
| 02 보이다 + 예쁜 | | → | 예쁘게 보이다 | | | |
| | | | | | | |
| 03 들리다 + 아름다운 | | → | 아름답게 들리다 | | | |
| | | | | | | |
| 04 냄새가 나다 + 맛있는 | | → | 맛있는 냄새가 나다 | | | |
| | | | | | | |
| 05 맛이 나다 + 달콤한 | | → | 달콤한 맛이 나다 | | | |
| | | | | | | |
| 06 느껴지다 + 부드러운 | | → | 부드럽게 느껴지다 | | | |
| | | | | | | |

**01** have, I,
five senses

문장 ▸ | I | have | five senses | .

우리말 ▸ 나는 다섯 감각을 가지고 있다 .

**02** are sight,
hearing, smell,
taste, and touch,
my five senses

문장 ▸

우리말 ▸

**03** use, I,
my five senses

문장 ▸ | | | | every day | .

우리말 ▸

**04** look, flowers,
pretty

문장 ▸

우리말 ▸

**05** beautiful,
sounds, music

문장 ▸

우리말 ▸

**06** smells, delicious,
food

문장 ▸

우리말 ▸

**07** ice cream, sweet,
tastes

문장 ▸

우리말 ▸

**08** soft, feels,
a teddy bear

문장 ▸

우리말 ▸

**1** 나는 다섯 감각을 가지고 있다. (have, five senses)

| I | have | five senses | . |

**2** 나의 다섯 감각은 시각, 청각, 후각, 미각, 그리고 촉각이다. (sight, hearing, smell, taste, touch)

|  |  |  | . |

**3** 나는 나의 다섯 감각을 매일 사용한다. (use, every day)

|  |  |  |  | . |

**4** 꽃들은 예쁘게 보인다. (look, pretty)

|  |  |  | . |

**5** 음악은 아름답게 들린다. (sounds, beautiful)

|  |  |  | . |

**6** 음식은 맛있는 냄새가 난다. (smells, delicious)

|  |  |  | . |

**7** 아이스크림은 달콤한 맛이 난다. (tastes, sweet)

|  |  |  | . |

**8** 곰 인형은 부드럽게 느껴진다. (feels, soft)

|  |  |  | . |

| 우리말 | 단어 쓰기 | 우리말 | 단어 ✓두번 쓰기 | | |
|---|---|---|---|---|---|
| 01 타다 + 자전거 | ride ✏ | 자전거를 타다 | ride | a | |
| | | | | a | |
| 02 타다 + 버스 | | 버스를 타다 | | the | |
| | | | | the | |
| 03 걷다 + 학교 | | 학교에 걸어가다 | | to | |
| | | | | to | |
| 04 지하철 + 직장 | | 직장에 지하철을 타고 가다 | take the | to | |
| | | | take the | to | |
| 05 운전하다 + 자동차 | | 차를 운전하다 | | a | |
| | | | | a | |
| 06 때때로 + 택시 | | 때때로 택시를 타다 | | take a | |
| | | | | take a | |

**01** usually rides, Tom, to school, his bicycle

문장 ▸ | Tom | usually rides | his bicycle | to school | .

우리말 ▸ 톰은 보통 그의 자전거를 타고 학교에 간다 .

**02** Jane, the bus, usually takes, to school

문장 ▸ | | | | | .

우리말 ▸ .

**03** always walks, Anna, to school

문장 ▸ | | | | .

우리말 ▸ .

**04** the subway, usually takes, my father, to work

문장 ▸ | | | | | .

우리말 ▸ .

**05** his car, he, sometimes drives

문장 ▸ | | | | .

우리말 ▸ .

**06** my mother, to work, her bicycle, usually rides

문장 ▸ | | | | | .

우리말 ▸ .

**07** sometimes takes, she, the bus

문장 ▸ | | | | .

우리말 ▸ .

**08** but, she, a taxi, never takes

문장 ▸ | | | | | .

우리말 ▸ .

**1** 톰은 보통 그의 자전거를 타고 학교에 간다. (usually rides, bicycle)

| Tom | usually rides | his bicycle | to school | . |

**2** 제인은 보통 버스를 타고 학교에 간다. (usually takes, the bus)

|  |  |  |  | . |

**3** 애나는 항상 학교에 걸어간다. (always walks)

|  |  |  | . |

**4** 나의 아버지는 보통 지하철을 타고 직장에 간다. (usually takes, the subway, work)

|  |  |  |  | . |

**5** 그는 때때로 그의 차를 운전한다. (sometimes drives, car)

|  |  |  | . |

**6** 나의 어머니는 보통 그녀의 자전거를 타고 직장에 간다. (usually rides, bicycle, work)

|  |  |  |  | . |

**7** 그녀는 때때로 버스를 탄다. (sometimes takes)

|  |  |  | . |

**8** 하지만 그녀는 절대 택시를 타지 않는다. (never takes, a taxi)

|  |  |  |  | . |

주어진 우리말에 해당하는
단어를 쓰세요

| 우리말 | 단어 쓰기 | 우리말 | 단어 ✓쓰기 두번 |
|---|---|---|---|
| **01** 행동하다 + 이상하게 | act | 이상하게 행동하다 | act |
| **02** 개 + 짖다 | | 개가 짖는다 | a ___ (e)s / a ___ (e)s |
| **03** 이상한 + 소리 | | 이상한 소리 | |
| **04** 뛰다 + 이리저리 | | 이리저리 뛰다 | |
| **05** 땅바닥 + 흔들리다 | | 땅이 흔들린다 | the ___ (e)s / the ___ (e)s |
| **06** 지진 + 균열 | | 지진은 균열을 만든다 | ___ (e)s make ___ (e)s / ___ (e)s make ___ (e)s |

주어진 단어를 배열해 문장을 완성하고
우리말로 바꿔 쓰세요.

**01** are acting, animals, strangely

문장 ▶ | Animals | are acting | strangely | .

우리말 ▶ 동물들이 이상하게 행동하고 있다 .

**02** are barking, dogs

문장 ▶

우리말 ▶

**03** horses, strange sounds, are making

문장 ▶

우리말 ▶

**04** are flying, in circles, birds

문장 ▶

우리말 ▶

**05** elephants, are running around

문장 ▶

우리말 ▶

**06** is cracking, the ground

문장 ▶

우리말 ▶

**07** is, it, an earthquake

문장 ▶

우리말 ▶

**08** cracks, in the ground, earthquakes, make

문장 ▶

우리말 ▶

**1** 동물들이 이상하게 행동하고 있다. (acting, strangely)

| Animals | are acting | strangely | . |

**2** 개들이 짖고 있다. (barking)

| | | . |

**3** 말들은 이상한 소리를 만들고 있다. (making, strange, sounds)

| | | | . |

**4** 새들은 원을 그리며 날고 있다. (flying, in circles)

| | | | . |

**5** 코끼리들은 이리저리 뛰어다니고 있다. (running, around)

| | | . |

**6** 땅이 금이 가고 있다. (the ground, cracking)

| | | . |

**7** 그것은 지진이다. (an earthquake)

| | | | . |

**8** 지진은 땅에 균열을 만든다. (earthquakes, cracks, ground)

| | | | | . |

| 우리말 | 단어 쓰기 | | 우리말 | 단어 ✓쓰기 (두번) | | |
|---|---|---|---|---|---|---|
| **01** 토끼 + 거북이 | rabbit | → | 토끼와 거북이 | a rabbit and a | | |
| | | | | a and a | | |
| **02** 빠른, 빠르게 + 주자 | | → | 빠른 주자 | | | |
| | | | | | | |
| **03** 이기다 + 경주 | | → | 경주에서 이기다 | the | | |
| | | | | the | | |
| **04** 매우 + 느리게 | | → | 매우 느리게 | | | |
| | | | | | | |
| **05** 빠지다 + 잠이 든 | | → | 잠이 들다 | | | |
| | | | | | | |
| **06** 달리다 + ~을 지나서 | | → | 토끼를 지나서 달리다 | the rabbit | | |
| | | | | the rabbit | | |

**01** have a race,
a rabbit and
a turtle

문장 ▸ | A rabbit and a turtle | have a race | .

우리말 ▸ 토끼와 거북이가 경주를 한다 .

**02** am, I,
a fast runner

문장 ▸ | | | .

우리말 ▸ | .

**03** turtles,
are slow runners

문장 ▸ | | .

우리말 ▸ | .

**04** will win,
the race, I

문장 ▸ | | | .

우리말 ▸ | .

**05** the rabbit,
very fast, runs
,

문장 ▸ | | | .

우리말 ▸ | .

**06** very slowly,
the turtle, runs

문장 ▸ | | | .

우리말 ▸ | .

**07** falls asleep,
the rabbit

문장 ▸ | Halfway across the field | , | | .

우리말 ▸ | .

**08** past the rabbit,
the turtle, runs

문장 ▸ | | | .

우리말 ▸ | .

**1** 토끼와 거북이가 경주를 한다. (a race)

| A rabbit and a turtle | have a race | . |

**2** 나는 빠른 주자이다. (fast, runner)

**3** 거북이들은 느린 주자들이다. (slow, runners)

**4** 내가 경주에서 이길 것이다. (win, the race)

**5** 토끼는 매우 빠르게 달린다. (fast)

**6** 거북이는 매우 느리게 달린다. (slowly)

**7** 들판을 가로질러 중간에, 토끼는 잠이 든다. (halfway, field, falls asleep)

**8** 거북이는 토끼를 지나서 달린다. (past)

주어진 우리말에 해당하는 단어를 쓰세요

| 우리말 | 단어 쓰기 | | 우리말 | 단어 쓰기 | 두번 |
|---|---|---|---|---|---|
| 01 좋은 + 농사 | good | → | 농사하기에 좋은 | good | for |
| | | | | | for |
| 02 건조한 + 사막 | | → | 건조한 사막 | | |
| | | | | | |
| 03 적은 + 비 | | → | 적은 비 | | |
| | | | | | |
| 04 더 좋은 + 장소 | | → | 더 좋은 장소 | | |
| | | | | | |
| 05 산 + 언덕 | | → | 산과 언덕 | a | and a |
| | | | | a | and a |
| 06 여행하다 + 함께 | | → | 함께 여행하다 | | |
| | | | | | |

**01** different types of land, has, Earth

문장 ▸ | Earth | has | different types of land | .

우리말 ▸ | 지구는 서로 다른 유형의 땅을 갖고 있다 | .

**02** very little rain, has, a desert

문장 ▸ | | | | .

우리말 ▸ | | .

**03** is drier, it, than other forms of land

문장 ▸ | | | | .

우리말 ▸ | | .

**04** the plain, is a better place, so, for farming

문장 ▸ | , | | | | .

우리말 ▸ | | .

**05** is a higher form of land, a mountain

문장 ▸ | | | .

우리말 ▸ | | .

**06** than a mountain, a hill, is lower

문장 ▸ | | | | .

우리말 ▸ | | .

**07** than a plain, but, is higher, it

문장 ▸ | , | | | | .

우리말 ▸ | | .

**08** more types of land, there are

문장 ▸ | | | .

우리말 ▸ | | .

**1** 지구는 서로 다른 유형의 땅을 갖고 있다. (Earth, different types of)

| Earth | has | different types of land | . |

**2** 사막은 매우 적은 비를 지닌다. (desert, very little)

|  |  |  | . |

**3** 그것은 다른 형태의 땅보다 더 건조하다. (drier, other forms of land)

|  |  |  | . |

**4** 그래서, 평원은 농사하기에 더 좋은 장소이다. (better, place, for farming)

|  | , |  |  |  | . |

**5** 산은 더 높은 형태의 땅이다. (mountain, higher form of)

|  |  |  | . |

**6** 언덕은 산보다 더 낮다. (a hill, lower)

|  |  |  | . |

**7** 하지만, 그것은 평원보다 더 높다. (plain)

|  | , |  |  | . |

**8** 더 많은 유형의 땅이 있다. (more types of)

|  |  | . |

주어진 우리말에 해당하는
단어를 쓰세요

| 우리말 | 단어 쓰기 | | 우리말 | 단어 두번 쓰기 | |
|---|---|---|---|---|---|
| 01 가장 높은 + 산 | highest | → | 가장 높은 산 | the highest the | |
| 02 정상 + 세계 | | → | 세계의 정상 | of the of the | |
| 03 더운 + 곳, 장소 | | → | 더운 곳 | | |
| 04 가장 큰 + 사막 | | → | 가장 큰 사막 | the the | |
| 05 가장 긴 + 강 | | → | 가장 긴 강 | the the | |
| 06 가장 큰 + 폭포 | | → | 가장 큰 폭포 | the the | |

**01** the world's highest mountain, what is

문장 ▸ What is | the world's highest mountain | ?

우리말 ▸ 세계에서 가장 높은 산은 무엇인가 | ?

**02** it, the top of the world, is

문장 ▸ | | | .

우리말 ▸ | .

**03** a desert, is a hot place,

문장 ▸ | | .

우리말 ▸ | .

**04** the world's largest desert, what is

문장 ▸ | | ?

우리말 ▸ | ?

**05** is the largest desert, the Gobi Desert,

문장 ▸ | | in Asia | .

우리말 ▸ | .

**06** is longest, which river

문장 ▸ | in the world | | ?

우리말 ▸ | ?

**07** the world's biggest waterfall, what is

문장 ▸ | | ?

우리말 ▸ | ?

**08** is the biggest waterfall, Iguazu Falls

문장 ▸ | in South America | | .

우리말 ▸ | .

**1** 세계에서 가장 높은 산은 무엇인가? (what, highest, mountain)

| What is | the world's highest mountain | ? |

**2** 그것은 세계의 정상이다. (top, world)

| | | . |

**3** 사막은 더운 곳이다. (desert, place)

| | | . |

**4** 세계에서 가장 큰 사막은 무엇인가? (largest, desert)

| | ? |

**5** 고비 사막은 아시아에 있는 가장 큰 사막이다. (the Gobi Desert, largest, Asia)

| | | | | . |

**6** 어느 강이 세계에서 가장 긴가? (river, longest)

| | in the world | | ? |

**7** 세계에서 가장 큰 폭포는 무엇인가? (biggest, waterfall)

| | | ? |

**8** 남아메리카에 있는 이구아수 폭포가 가장 큰 폭포이다. (Iguazu Falls, biggest)

| | | | | . |

| 우리말 | 단어 쓰기 | 우리말 | 단어 쓰기 (두번✓) | |
|---|---|---|---|---|
| **01** 선생님 + 가르치다 | teacher | 선생님들은 가르친다 | teacher (e)s | |
| | | | (e)s | |
| **02** 입다 + 가운 | | 가운을 입다 | | a |
| | | | | a |
| **03** 의사 + 돕다 | | 의사들은 돕는다 | (e)s | |
| | | | (e)s | |
| **04** 아픈 + 사람들 | | 아픈 사람들 | | |
| | | | | |
| **05** 웨이터 + 음식을 내다 | | 웨이터들이 음식을 낸다 | (e)s | |
| | | | (e)s | |
| **06** 제빵사 + 굽다 | | 제빵사들이 굽는다 | (e)s | |
| | | | (e)s | |

**01** many different jobs, there are

문장 ▶ | There are | many different jobs | .

우리말 ▶ | 많은 다른 직업이 있다 | .

**02** a teacher, he, is

문장 ▶ | | | | .

우리말 ▶ | | .

**03** math, teaches, he

문장 ▶ | | | | .

우리말 ▶ | | .

**04** a doctor's gown, wears, she

문장 ▶ | | | | .

우리말 ▶ | | .

**05** help, doctors, sick people

문장 ▶ | | | | in hospitals | .

우리말 ▶ | | .

**06** food, serve, waiters

문장 ▶ | | | | .

우리말 ▶ | | .

**07** bake, they, bread

문장 ▶ | | | | .

우리말 ▶ | | .

**08** are, they, bakers

문장 ▶ | | | | .

우리말 ▶ | | .

**1** 많은 다른 직업이 있다. (different, jobs)

| There are | many different jobs |
|---|---|

.

**2** 그는 선생님이다. (teacher)

|  |  |  |
|---|---|---|

.

**3** 그는 수학을 가르친다. (teaches, math)

|  |  |  |
|---|---|---|

.

**4** 그녀는 의사의 가운을 입는다. (wears, gown)

|  |  |  |
|---|---|---|

.

**5** 의사들은 병원에서 아픈 사람들을 돕는다. (doctors, help, sick)

|  |  |  |  |
|---|---|---|---|

.

**6** 웨이터들은 음식을 낸다. (waiters, serve)

|  |  |  |
|---|---|---|

.

**7** 그들은 빵을 굽는다. (bake, bread)

|  |  |  |
|---|---|---|

.

**8** 그들은 제빵사들이다. (bakers)

|  |  |  |
|---|---|---|

.

| 우리말 | 단어 쓰기 | 우리말 | 두번 ✓ 단어 ✓ 쓰기 | |
|---|---|---|---|---|
| **01** 만들다 + 모양 | make | 모양들을 만들다 | make | (e)s |
| | | | | (e)s |
| **02** 보다 + 그림 | | 그림에서 보다 | | in the |
| | | | | in the |
| **03** 곧은 + 선 | | 직선들 | | (e)s |
| | | | | (e)s |
| **04** 오직 + 정사각형 | | 오직 하나의 정사각형 | | one |
| | | | | one |
| **05** 그리다 + 원 | | 원을 그리다 | | a |
| | | | | a |
| **06** 두꺼운 + 굽은 | | 두꺼운 곡선들 | | , lines |
| | | | | , lines |

주어진 단어를 배열해 문장을 완성하고
우리말로 바꿔 쓰세요

**01** how, let's see, make, shapes, we

문장 ▶ | Let's see | how | we | make | shapes | .

우리말 ▶ 우리가 어떻게 모양들을 만드는지 보자 .

**02** do you see, how many straight lines

문장 ▶ |  |  | in the picture | ?

우리말 ▶ ?

**03** are there, how many squares

문장 ▶ |  |  | ?

우리말 ▶ ?

**04** only one square, there is

문장 ▶ |  |  | .

우리말 ▶ .

**05** draws, a circle, my little sister

문장 ▶ |  |  |  | .

우리말 ▶ .

**06** does she draw, how many curved lines

문장 ▶ |  |  | ?

우리말 ▶ ?

**07** two thick, curved lines, she, draws

문장 ▶ |  |  |  | .

우리말 ▶ .

**08** the square, look at

문장 ▶ |  |  | .

우리말 ▶ .

**1** 우리가 어떻게 모양들을 만드는지 보자. (make, shapes)

| Let's see | how | we | make | shapes | . |

**2** 너는 그림에서 얼마나 많은 직선들을 보는가? (straight, lines)

| | | ? |

**3** 얼마나 많은 정사각형들이 있는가? (many, squares)

| | ? |

**4** 오직 하나의 정사각형만이 있다. (only, square)

| | . |

**5** 나의 여동생은 원을 그린다. (draws, circle)

| | | . |

**6** 그녀는 얼마나 많은 곡선들을 그리는가? (curved, lines)

| | ? |

**7** 그녀는 두 개의 두꺼운 곡선들을 그린다. (thick, curved)

| | | . |

**8** 저 정사각형을 보아라. (look, at)

| | . |

**Review Test**
표로 정리하는 **어휘**

| 우리말 | 단어 쓰기 | 우리말 | 단어 쓰기 두번 ✓ |
|---|---|---|---|

**01** ~위에 + 꽃 — on / — → 꽃 위에 — on the / the

**02** ~안에 + 둥지 — / — → 둥지 안에 — the / the

**03** ~아래에 + 나무 — / — → 나무 아래에 — the / the

**04** ~옆에 + 눈사람 — / — → 눈사람 옆에 — the / the

**05** ~사이에 + 아이들 — / — → 아이들 사이에 — the / the

**06** ~앞에 + 크리스마스 트리 — / — → 크리스마스 트리 앞에 — the / the

주어진 단어를 배열해 문장을 완성하고
우리말로 바꿔 쓰세요

**01** walk, I, in the garden, in summer

문장 ▸ | I | walk | in the garden | in summer | .

우리말 ▸ | 나는 여름에 정원에서 걷는다 | .

**02** the bee, on the flower, is

문장 ▸ | | | | .

우리말 ▸ | | .

**03** is, in the nest, the bird

문장 ▸ | | | | .

우리말 ▸ | | .

**04** the fox, under the tree, is

문장 ▸ | | | | .

우리말 ▸ | | .

**05** the children and the snowman, where are

문장 ▸ | | | ?

우리말 ▸ | | ?

**06** are, by the snowman, the children

문장 ▸ | | | | .

우리말 ▸ | | .

**07** is, the snowman, between the boys and the girls

문장 ▸ | | | | .

우리말 ▸ | | .

**08** in front of the Christmas tree, they, are

문장 ▸ | | | | .

우리말 ▸ | | .

**1** 나는 여름에 정원에서 걷는다. (walk, garden, summer)

| I | walk | in the garden | in summer |

.

**2** 그 벌은 꽃 위에 있다. (on, flower)

.

**3** 그 새는 둥지 안에 있다. (in, nest)

.

**4** 그 여우는 나무 아래에 있다. (under, tree)

.

**5** 그 아이들과 그 눈사람은 어디에 있는가? (children, snowman)

?

**6** 그 아이들은 눈사람 옆에 있다. (by, snowman)

.

**7** 그 눈사람은 소년들과 소녀들 사이에 있다. (between)

.

**8** 그들은 크리스마스 트리 앞에 있다. (in front of)

.

주어진 우리말에 해당하는
단어를 쓰세요

| 우리말 | 단어 쓰기 | | 우리말 | 단어 ✓ 쓰기 (두번) | | |
|---|---|---|---|---|---|---|
| 01 특별한 + 휴일 | special | → | 특별한 휴일 | special | | |
| | | | | | | |
| 02 기념하다 + 겨울에 | | → | 겨울에 기념하다 | | | |
| | | | | | | |
| 03 장식하다 + 크리스마스에 | | → | 크리스마스에 나무들을 장식하다 | | trees | |
| | | | | | trees | |
| 04 주다 + 서로서로 | | → | 서로에게 주다 | | | |
| | | | | | | |
| 05 울리다 + 자정에 | | → | 자정에 울리다 | | | |
| | | | | | | |
| 06 방문하다 + 친척 | | → | 친척들을 방문하다 | | | (e)s |
| | | | | | | (e)s |

**01** have, we, in winter, special holidays

문장 ▸ | We | have | special holidays | in winter | .

우리말 ▸ 우리는 겨울에 특별한 휴일을 가지고 있다 .

**02** do we celebrate, Christmas, when

문장 ▸ | | | | ?

우리말 ▸ ?

**03** trees, we, decorate

문장 ▸ | | | | on Christmas | .

우리말 ▸ .

**04** we, each other, give, gifts

문장 ▸ | | | | | on that day | .

우리말 ▸ .

**05** when, New Year's, do we celebrate

문장 ▸ | | | | ?

우리말 ▸ ?

**06** New Year's, we, celebrate

문장 ▸ | | | | on January 1 | .

우리말 ▸ .

**07** rings, the bell

문장 ▸ | | | at midnight | .

우리말 ▸ .

**08** our relatives, visit, we

문장 ▸ | | | | .

우리말 ▸ .

**1** 우리는 겨울에 특별한 휴일을 가지고 있다. (special holidays, winter)

| We | have | special holidays | in winter | . |

**2** 우리는 언제 크리스마스를 기념하는가? (celebrate, Christmas)

?

**3** 우리는 크리스마스에 나무들을 장식한다. (decorate)

.

**4** 우리는 그날 서로에게 선물을 준다. (each other, gifts, on)

.

**5** 우리는 언제 새해를 기념하는가? (New Year's)

?

**6** 우리는 새해를 1월 1일에 기념한다. (January)

.

**7** 그 종은 자정에 울린다. (the bell, rings, midnight)

.

**8** 우리는 우리의 친척들을 방문한다. (visit, relatives)

.

| 우리말 | 단어 쓰기 | 우리말 | 단어 ✓ 쓰기 (두번) | |
|---|---|---|---|---|
| 01 지내다 + 건강한 | stay | 건강하게 지내다 | stay | |
| | | | | |
| 02 닦다 + 치아들 | | 너의 이를 닦다 | | your |
| | | | | your |
| 03 씻다 + 손 | | 너의 손을 씻다 | | your (e)s |
| | | | | your (e)s |
| 04 안전한 + 실내에서 | | 실내에서 안전하게 있다 | be | |
| | | | be | |
| 05 만지다 + 가스레인지 | | 가스레인지를 만지다 | | (e)s |
| | | | | (e)s |
| 06 위험한 + 날카로운 | | 위험하고 날카로운 | and | |
| | | | and | |

**01** how,
healthy and safe,
can we stay

문장 ▶ | How | can we stay | healthy and safe | ?

우리말 ▶ 어떻게 우리가 건강하고 안전하게 지낼 수 있을까 ?

**02** you, can make,
unhealthy food,
sick

문장 ▶

우리말 ▶

**03** your teeth, brush

문장 ▶ every day .

우리말 ▶

**04** your hands,
wash

문장 ▶ before eating .

우리말 ▶

**05** indoors,
be safe, lastly

문장 ▶ ,

우리말 ▶

**06** gas stoves,
don't touch

문장 ▶ .

우리말 ▶

**07** sharp things,
don't touch

문장 ▶ .

우리말 ▶

**08** with your
parents, them,
use

문장 ▶ .

우리말 ▶

**1** 어떻게 우리가 건강하고 안전하게 지낼 수 있을까? (healthy and safe)

| How | can we stay | healthy and safe | ? |

**2** 건강하지 않은 음식은 너를 아프게 만들 수 있다. (unhealthy, sick)

| | | | | . |

**3** 매일 너의 이를 닦아라. (brush, teeth)

| | | | . |

**4** 먹기 전에 너의 손을 씻어라. (wash, hands)

| | | | . |

**5** 마지막으로, 실내에서 안전하게 있어라. (safe, indoors)

| | , | | . |

**6** 가스레인지를 만지지 마라. (touch, gas stoves)

| | | . |

**7** 날카로운 것들을 만지지 마라. (sharp)

| | | . |

**8** 그것들을 너의 부모님들과 사용해라. (use, parents)

| | | | . |

| 우리말 | 단어 쓰기 | 우리말 | 단어 쓰기 (두번 ✓) |
|---|---|---|---|
| **01** 음악적인 + 도구 | musical | 악기 | musical / |
| **02** 연주하다 + 바이올린 | | 바이올린을 연주하다 | the / the |
| **03** 사용하다 + 활 | | 활을 사용하다 | a / a |
| **04** 치다 + 실로폰 | | 실로폰을 치다 | the / the |
| **05** 필요로 하다 + 채 | | 채를 필요로 하다 | (e)s / (e)s |
| **06** 딸깍거리다 + 캐스터네츠 | | 캐스터네츠를 딸깍거리다 | the / the |

**01** many musical instruments, here are

문장 ▶ | Here are | many musical instruments | .

우리말 ▶ | 여기 많은 악기가 있다 | .

**02** them, together, let's play

문장 ▶ | | | | .

우리말 ▶ | | .

**03** like to play, I, the violin

문장 ▶ | | | | .

우리말 ▶ | | .

**04** with a bow, the violin, let's play

문장 ▶ | | | | .

우리말 ▶ | | .

**05** a bow, let's not use

문장 ▶ | | | this time | .

우리말 ▶ | | .

**06** let's tap, with sticks, the xylophone

문장 ▶ | | | | .

우리말 ▶ | | .

**07** let's not play, with sticks, the castanets

문장 ▶ | | | | .

우리말 ▶ | | .

**08** with our fingers, the castanets, let's click

문장 ▶ | | | | .

우리말 ▶ | | .

**1** 여기 많은 악기가 있다. (musical instruments)

| Here are | many musical instruments | . |

**2** 그것들을 함께 연주하자. (play)

| | | . |

**3** 나는 바이올린을 연주하기를 좋아한다. (the violin)

| | | . |

**4** 바이올린을 활로 연주하자. (a bow)

| | | . |

**5** 이번에는 활을 사용하지 말자. (use, this time)

| | | . |

**6** 실로폰을 채들로 치자. (tap, the xylophone, sticks)

| | | . |

**7** 캐스터네츠를 채들로 연주하지 말자. (the castanets)

| | | . |

**8** 캐스터네츠를 우리의 손가락들로 딸깍거리자. (click)

| | | . |

초등 독해, 이제 구문으로 읽어요!

# 구문이 독해다

## Workbook
### 정답과 해설

**1**

## PART 01 be동사

### 표로 정리하는 어휘

01 high / mountain
02 low / hill
03 flat / plain
04 large / ocean
05 long / river
06 flow / into

### 어휘로 정리하는 문장

01 There are / different types of land
　서로 다른 종류의 땅이 있다
02 They / are / mountain, hill, valley, and plain
　그들은 산, 언덕, 계곡, 그리고 평원이다
03 A mountain / is very high land
　산은 아주 높은 땅이다
04 A hill / is lower than a mountain
　언덕은 산보다 더 낮다
05 A plain / is flat land
　평원은 평평한 땅이다
06 An ocean / is a very large body of water
　바다는 아주 커다란 수역이다
07 A river / is a long body of water
　강은 기다란 수역이다
08 A river / flows / into an ocean
　강은 바다로 흐른다

### 본문 문장 다시 쓰기 연습

1 There are / different types of land
2 They / are / mountain, hill, valley, and plain
3 A mountain / is / very high land
4 A hill / is lower than a mountain
5 A plain / is / flat land
6 An ocean / is / a very large body of water
7 A river / is / a long body of water
8 A river / flows / into an ocean

### 표로 정리하는 어휘

01 big / world
02 large / continent
03 close to / Asia
04 near / Europe
05 on / map
06 beautiful / Earth

### 어휘로 정리하는 문장

01 The world / is big
　세계는 크다
02 It / has / continents and oceans
　그것은 대륙과 바다를 가지고 있다
03 Asia / is a large continent
　아시아는 커다란 대륙이다
04 Korea, Japan, China and Russia / are / in Asia
　한국, 일본, 중국 그리고 러시아는 아시아 대륙에 있다
05 Europe / is close to Asia
　유럽 대륙은 아시아 대륙에 가깝다
06 Africa / is / near Europe and Asia
　아프리카 대륙은 유럽과 아시아 대륙 가까이에 있다
07 The continents / are surrounded by oceans
　대륙들은 바다로 둘러싸여 있다
08 Earth / is beautiful
　지구는 아름답다

### 본문 문장 다시 쓰기 연습

1 The world / is big
2 It / has / continents and oceans
3 Asia / is / a large continent
4 Korea, Japan, China and Russia / are / in Asia
5 Europe / is close to Asia
6 Africa / is / near Europe and Asia
7 The continents / are surrounded by oceans
8 Earth / is beautiful

### 표로 정리하는 어휘

01 by / bed
02 messy / bedroom
03 clean / room
04 book / bookcase
05 desk / chair
06 still / untidy

### 어휘로 정리하는 문장

01 There is / a bed / in my room
　나의 방에 침대가 있다

02 There is / a computer / by the bed
침대 옆에 컴퓨터가 있다

03 Is the room / messy
그 방은 지저분한가

04 No / the room / is not messy
아니다, 그 방은 지저분하지 않다

05 This / is / my brother's bedroom
이것은 나의 남동생의 침실이다

06 No / the room / is not clean
아니다, 그 방은 깨끗하지 않다

07 Put / the books / in the bookcase
책을 책장 안에 두어라

08 Is the room / still untidy
그 방은 여전히 어수선한가

## 본문 문장 다시 쓰기 연습

1 There is / a bed / in my room
2 There is / a computer / by the bed
3 Is the room / messy
4 No / the room / is not messy
5 This / is / my brother's bedroom
6 No / the room / is not clean
7 Put / the books / in the bookcase
8 Is the room / still untidy

## PART 02 일반동사

### UNIT 04　　The Nutcracker　　p.11

#### 표로 정리하는 어휘

01 tell / story
02 get / present
03 toy / move
04 become / prince
05 travel / kingdom
06 watch / dance

#### 어휘로 정리하는 문장

01 It / tells / a story / about a toy nutcracker
그것은 장난감 호두까기 인형에 대한 이야기를 말한다

02 Clara / gets / a present / on Christmas
클라라는 크리스마스에 선물을 받는다

03 In her dream / the toy nutcracker / moves
그녀의 꿈속에서, 그 장난감 호두까기 인형은 움직인다

04 It / walks and talks / like a person
그것은 사람처럼 걷고 이야기한다

05 The nutcracker / becomes a prince
그 호두까기 인형은 왕자가 된다

06 He / fights / against the Mouse King
그는 생쥐 왕에 대항하여 싸운다

07 He and Clara / travel / to his kingdom
그와 클라라는 그의 왕국으로 여행한다

08 There / they / watch / many dances
그곳에서, 그들은 많은 춤을 본다

## 본문 문장 다시 쓰기 연습

1 It / tells / a story / about a toy nutcracker
2 Clara / gets / a present / on Christmas
3 In her dream / the toy nutcracker / moves
4 It / walks and talks / like a person
5 The nutcracker / becomes / a prince
6 He / fights / against the Mouse King
7 He and Clara / travel / to his kingdom
8 There / they / watch / many dances

### UNIT 05　　Important Work　　p.14

#### 표로 정리하는 어휘

01 work / at home
02 feed / dog
03 water / plant
04 safety / community
05 for / money
06 volunteer / for free

#### 어휘로 정리하는 문장

01 Do you work / at home
너는 집에서 일을 하는가

02 Some people / don't work / at home
어떤 사람들은 집에서 일을 하지 않는다

03 I / feed / my dog
나는 나의 개에게 먹이를 준다

04 I / water / my plants
나는 나의 식물들에게 물을 준다

05 Some people / don't work / just for themselves
어떤 사람들은 단지 그들 자신을 위해서 일을 하지 않는다

06 Police officers / work / for the safety / of the community
경찰관들은 공동체의 안전을 위해 일한다

07 They / work / for free
그들은 무료로 일한다

08 They / are / volunteers
그들은 자원봉사자들이다

### 본문 문장 다시 쓰기 연습

1 Do you work / at home
2 Some people / don't work / at home
3 I / feed / my dog
4 I / water / my plants
5 Some people / don't work / just for themselves
6 Police officers / work / for the safety / of the community
7 They / work / for free
8 They / are / volunteers

## PART 03 명사 / 대명사

### UNIT 06    Food Groups    p.17

### 표로 정리하는 어휘

01 food / group
02 rice / grain
03 carrot / vegetable
04 banana / fruit
05 pork / meat
06 include / cheese

### 어휘로 정리하는 문장

01 There are / five food groups
　다섯 개의 식품군이 있다
02 Grains / are / foods / like rice and bread
　곡식들은 밥과 빵과 같은 음식이다
03 Vegetables / are / foods / like carrots and lettuce
　채소들은 당근들과 양상추 같은 음식이다
04 Fruits / are / foods / like apples and bananas
　과일들은 사과들과 바나나들 같은 음식이다
05 Meat / is / food / like chicken and pork
　육류는 닭고기와 돼지고기 같은 음식이다
06 Fish and eggs / are / also meat
　생선과 달걀들은 또한 육류이다
07 Milk / includes / cheese
　유제품은 치즈를 포함한다
08 Yogurt / is also made from milk
　요구르트는 또한 우유로 만들어진다

### 본문 문장 다시 쓰기 연습

1 There are / five food groups
2 Grains / are / foods / like rice and bread
3 Vegetables / are / foods / like carrots and lettuce
4 Fruits / are / foods / like apples and bananas

5 Meat / is / food / like chicken and pork
6 Fish and eggs / are / also meat
7 Milk / includes / cheese
8 Yogurt / is also made from milk

### UNIT 07    My Birthday    p.20

### 표로 정리하는 어휘

01 what / today
02 special / day
03 my / birthday
04 have / party
05 blow out / candle
06 give / present

### 어휘로 정리하는 문장

01 What day / is it / today
　오늘은 무슨 날인가
02 It is / a special day / today
　오늘은 특별한 날이다
03 It is / my birthday
　나의 생일이다
04 What time / is it / now
　지금 몇 시인가
05 I / have / a party / with my friends
　나는 나의 친구들과 파티를 한다
06 We / celebrate / my birthday
　우리는 나의 생일을 기념한다
07 I / blow out / the candles
　나는 그 초들을 불어서 끈다
08 Everyone / gives / me / presents
　모두가 나에게 선물을 준다

### 본문 문장 다시 쓰기 연습

1 What day / is it / today
2 It is / a special day / today
3 It is / my birthday
4 What time / is it / now
5 I / have / a party / with my friends
6 We / celebrate / my birthday
7 I / blow out / the candles
8 Everyone / gives / me / presents

## PART 04 주요 동사

01 Tom / usually rides / his bicycle / to school
톰은 보통 그의 자전거를 타고 학교에 간다

02 Jane / usually takes / the bus / to school
제인은 보통 버스를 타고 학교에 간다

03 Anna / always walks / to school
애나는 항상 학교에 걸어간다

04 My father / usually takes / the subway / to work
나의 아버지는 보통 지하철을 타고 직장에 간다

05 He / sometimes drives / his car
그는 때때로 그의 차를 운전한다

06 My mother / usually rides / her bicycle / to work
나의 어머니는 보통 그녀의 자전거를 타고 직장에 간다

07 She / sometimes takes / the bus
그녀는 때때로 버스를 탄다

08 But / she / never takes / a taxi
하지만 그녀는 절대 택시를 타지 않는다

### 본문 문장 다시 쓰기 연습

1 Tom / usually rides / his bicycle / to school
2 Jane / usually takes / the bus / to school
3 Anna / always walks / to school
4 My father / usually takes / the subway / to work
5 He / sometimes drives / his car
6 My mother / usually rides / her bicycle / to work
7 She / sometimes takes / the bus
8 But / she / never takes / a taxi

| UNIT 11 | Earthquake | p.32 |
|---|---|---|

### 표로 정리하는 어휘

01 act / strangely
02 dog / bark
03 strange / sound
04 run / around
05 ground / shake
06 earthquake / crack

### 어휘로 정리하는 문장

01 Animals / are acting / strangely
동물들이 이상하게 행동하고 있다

02 Dogs / are barking
개들이 짖고 있다

03 Horses / are making / strange sounds
말들은 이상한 소리를 만들고 있다

04 Birds / are flying / in circles
새들은 원을 그리며 날고 있다

05 Elephants / are running around

코끼리들은 이리저리 뛰어다니고 있다

06 The ground / is cracking
땅이 금이 가고 있다

07 It / is / an earthquake
그것은 지진이다

08 Earthquakes / make / cracks / in the ground
지진은 땅에 균열을 만든다

### 본문 문장 다시 쓰기 연습

1 Animals / are acting / strangely
2 Dogs / are barking
3 Horses / are making / strange sounds
4 Birds / are flying / in circles
5 Elephants / are running around
6 The ground / is cracking
7 It / is / an earthquake
8 Earthquakes / make / cracks / in the ground

## PART 06 비교급과 최상급

| UNIT 12 | The Rabbit and the Turtle | p.35 |
|---|---|---|

### 표로 정리하는 어휘

01 rabbit / turtle
02 fast / runner
03 win / race
04 very / slowly
05 fall / asleep
06 run / past

### 어휘로 정리하는 문장

01 A rabbit and a turtle / have a race
토끼와 거북이가 경주를 한다

02 I / am / a fast runner
나는 빠른 주자이다

03 Turtles / are slow runners
거북이들은 느린 주자들이다

04 I / will win / the race
내가 경주에서 이길 것이다

05 The rabbit / runs / very fast
토끼는 매우 빠르게 달린다

06 The turtle / runs / very slowly
거북이는 매우 느리게 달린다

07 Halfway across the field / the rabbit / falls asleep
들판을 가로질러 중간에, 토끼는 잠이 든다

08 The turtle / runs / past the rabbit
거북이는 토끼를 지나쳐 달린다

거북이는 토끼를 지나서 달린다

## 본문 문장 다시 쓰기 연습

1 A rabbit and a turtle / have a race
2 I / am / a fast runner
3 Turtles / are / slow runners
4 I / will win / the race
5 The rabbit / runs / very fast
6 The turtle / runs / very slowly
7 Halfway across the field / the rabbit / falls asleep
8 The turtle / runs / past the rabbit

**UNIT 13**     **Different Types of Land**     p.38

## 표로 정리하는 어휘

01 good / farming
02 dry / desert
03 little / rain
04 better / place
05 mountain / hill
06 travel / together

## 어휘로 정리하는 문장

01 Earth / has / different types of land
   지구는 서로 다른 유형의 땅을 갖고 있다
02 A desert / has / very little rain
   사막은 매우 적은 비를 지닌다
03 It / is drier / than other forms of land
   그것은 다른 형태의 땅보다 더 건조하다
04 So / the plain / is a better place / for farming
   그래서, 평원은 농사하기에 더 좋은 장소이다
05 A mountain / is a higher form of land
   산은 더 높은 형태의 땅이다
06 A hill / is lower / than a mountain
   언덕은 산보다 더 낮다
07 But / it / is higher / than a plain
   하지만, 그것은 평원보다 더 높다
08 There are / more types of land
   더 많은 유형의 땅이 있다

## 본문 문장 다시 쓰기 연습

1 Earth / has / different types of land
2 A desert / has / very little rain
3 It / is drier / than other forms of land
4 So / the plain / is / a better place / for farming
5 A mountain / is / a higher form of land

6 A hill / is lower / than a mountain
7 But / it / is higher / than a plain
8 There are / more types of land

**UNIT 14**     **The World's Best**     p.41

## 표로 정리하는 어휘

01 highest / mountain
02 top / world
03 hot / place
04 largest / desert
05 longest / river
06 biggest / waterfall

## 어휘로 정리하는 문장

01 What is / the world's highest mountain
   세계에서 가장 높은 산은 무엇인가
02 It / is / the top of the world
   그것은 세계의 정상이다
03 A desert / is a hot place
   사막은 더운 곳이다
04 What is / the world's largest desert
   세계에서 가장 큰 사막은 무엇인가
05 The Gobi Desert / is the largest desert / in Asia
   고비 사막은 아시아에 있는 가장 큰 사막이다
06 Which river / in the world / is longest
   어느 강이 세계에서 가장 긴가
07 What is / the world's biggest waterfall
   세계에서 가장 큰 폭포는 무엇인가
08 Iguazu Falls / in South America / is the biggest waterfall
   남아메리카에 있는 이구아수 폭포가 가장 큰 폭포이다

## 본문 문장 다시 쓰기 연습

1 What is / the world's highest mountain
2 It / is / the top of the world
3 A desert / is / a hot place
4 What is / the world's largest desert
5 The Gobi Desert / is / the largest desert / in Asia
6 Which river / in the world / is longest
7 What is / the world's biggest waterfall
8 Iguazu Falls / in South America / is / the biggest waterfall

**PART 07 의문사**

**UNIT 15**     **Many Jobs**     p.44

## 표로 정리하는 어휘

01 teacher / teach
02 wear / gown
03 doctor / help
04 sick / people
05 waiter / serve food
06 baker / bake

## 어휘로 정리하는 문장

01 There are / many different jobs
   많은 다른 직업이 있다
02 He / is / a teacher
   그는 선생님이다
03 He / teaches / math
   그는 수학을 가르친다
04 She / wears / a doctor's gown
   그녀는 의사의 가운을 입는다
05 Doctors / help / sick people / in hospitals
   의사들은 병원에서 아픈 사람들을 돕는다
06 Waiters / serve / food
   웨이터들은 음식을 낸다
07 They / bake / bread
   그들은 빵을 굽는다
08 They / are / bakers
   그들은 제빵사들이다

## 본문 문장 다시 쓰기 연습

1 There are / many different jobs
2 He / is / a teacher
3 He / teaches / math
4 She / wears / a doctor's gown
5 Doctors / help / sick people / in hospitals
6 Waiters / serve / food
7 They / bake / bread
8 They / are / bakers

| UNIT **16** | **Lines and Shapes** | p.47 |
| --- | --- | --- |

## 표로 정리하는 어휘

01 make / shape
02 see / picture
03 straight / line
04 only / square
05 draw / circle
06 thick / curved

## 어휘로 정리하는 문장

01 Let's see / how / we / make / shapes
   우리가 어떻게 모양들을 만드는지 보자
02 How many straight lines / do you see / in the picture
   너는 그림에서 얼마나 많은 직선들을 보는가
03 How many squares / are there
   얼마나 많은 정사각형들이 있는가
04 There is / only one square
   오직 하나의 정사각형만이 있다
05 My little sister / draws / a circle
   나의 여동생은 원을 그린다
06 How many curved lines / does she draw
   그녀는 얼마나 많은 곡선들을 그리는가
07 She / draws / two thick, curved lines
   그녀는 두 개의 두꺼운 곡선들을 그린다
08 Look at / the square
   저 정사각형을 보아라

## 본문 문장 다시 쓰기 연습

1 Let's see / how / we / make / shapes
2 How many straight lines / do you see / in the picture
3 How many squares / are there
4 There is / only one square
5 My little sister / draws / a circle
6 How many curved lines / does she draw
7 She / draws / two thick, curved lines
8 Look at / the square

## PART **08** 전치사

| UNIT **17** | **Where Are They?** | p.50 |
| --- | --- | --- |

## 표로 정리하는 어휘

01 on / flower
02 in / nest
03 under / tree
04 by / snowman
05 between / children
06 in front of / Christmas tree

## 어휘로 정리하는 문장

01 I / walk / in the garden / in summer
   나는 여름에 정원에서 걷는다
02 The bee / is / on the flower
   그 벌은 꽃 위에 있다

03 The bird / is / in the nest
그 새는 둥지 안에 있다

04 The fox / is / under the tree
그 여우는 나무 아래에 있다

05 Where are / the children and the snowman
그 아이들과 그 눈사람은 어디에 있는가

06 The children / are / by the snowman
그 아이들은 눈사람 옆에 있다

07 The snowman / is / between the boys and the girls
그 눈사람은 소년들과 소녀들 사이에 있다

08 They / are / in front of the Christmas tree
그들은 크리스마스 트리 앞에 있다

### 본문 문장 다시 쓰기 연습

1 I / walk / in the garden / in summer
2 The bee / is / on the flower
3 The bird / is / in the nest
4 The fox / is / under the tree
5 Where are / the children and the snowman
6 The children / are / by the snowman
7 The snowman / is / between the boys and the girls
8 They / are / in front of the Christmas tree

## UNIT18    When Is It?    p.53

### 표로 정리하는 어휘

01 special / holiday
02 celebrate / in winter
03 decorate / on Christmas
04 give / each other
05 ring / at midnight
06 visit / relative

### 어휘로 정리하는 문장

01 We / have / special holidays / in winter
우리는 겨울에 특별한 휴일을 가지고 있다

02 When / do we celebrate / Christmas
우리는 언제 크리스마스를 기념하는가

03 We / decorate / trees / on Christmas
우리는 크리스마스에 나무들을 장식한다

04 We / give / each other / gifts / on that day
우리는 그날 서로에게 선물을 준다

05 When / do we celebrate / New Year's
우리는 언제 새해를 기념하는가

06 We / celebrate / New Year's / on January 1
우리는 새해를 1월 1일에 기념한다

07 The bell / rings / at midnight

그 종은 자정에 울린다

08 We / visit / our relatives
우리는 우리의 친척들을 방문한다

### 본문 문장 다시 쓰기 연습

1 We / have / special holidays / in winter
2 When / do we celebrate / Christmas
3 We / decorate / trees / on Christmas
4 We / give / each other / gifts / on that day
5 When / do we celebrate / New Year's
6 We / celebrate / New Year's / on January 1
7 The bell / rings / at midnight
8 We / visit / our relatives

## PART 09 문장의 종류

## UNIT19    Staying Healthy and Safe    p.56

### 표로 정리하는 어휘

01 stay / healthy
02 brush / teeth
03 wash / hand
04 safe / indoors
05 touch / gas stove
06 dangerous / sharp

### 어휘로 정리하는 문장

01 How / can we stay / healthy and safe
어떻게 우리가 건강하고 안전하게 지낼 수 있을까

02 Unhealthy food / can make / you / sick
건강하지 않은 음식은 너를 아프게 만들 수 있다

03 Brush / your teeth / every day
매일 너의 이를 닦아라

04 Wash / your hands / before eating
먹기 전에 너의 손을 씻어라

05 Lastly / be safe / indoors
마지막으로, 실내에서 안전하게 있어라

06 Don't touch / gas stoves
가스레인지를 만지지 마라

07 Don't touch / sharp things
날카로운 것들을 만지지 마라

08 Use / them / with your parents
그것들을 너의 부모님들과 사용해라

### 본문 문장 다시 쓰기 연습

1 How / can we stay / healthy and safe
2 Unhealthy food / can make / you / sick
3 Brush / your teeth / every day
4 Wash / your hands / before eating
5 Lastly / be safe / indoors
6 Don't touch / gas stoves
7 Don't touch / sharp things
8 Use / them / with your parents

## UNIT 20    Musical Instruments                          p.59

### 표로 정리하는 어휘

01 musical / instrument
02 play / violin
03 use / bow
04 tap / xylophone
05 need / stick
06 click / castanets

### 어휘로 정리하는 문장

01 Here are / many musical instruments
  여기 많은 악기가 있다
02 Let's play / them / together
  그것들을 함께 연주하자
03 I / like to play / the violin
  나는 바이올린을 연주하기를 좋아한다
04 Let's play / the violin / with a bow
  바이올린을 활로 연주하자
05 Let's not use / a bow / this time
  이번에는 활을 사용하지 말자
06 Let's tap / the xylophone / with sticks
  실로폰을 채들로 치자
07 Let's not play / the castanets / with sticks
  캐스터네츠를 채들로 연주하지 말자
08 Let's click / the castanets / with our fingers
  캐스터네츠를 우리의 손가락들로 딸깍거리자

### 본문 문장 다시 쓰기 연습

1 Here are / many musical instruments
2 Let's play / them / together
3 I / like to play / the violin
4 Let's play / the violin / with a bow
5 Let's not use / a bow / this time
6 Let's tap / the xylophone / with sticks
7 Let's not play / the castanets / with sticks
8 Let's click / the castanets / with our fingers